VARIA PROVINCIALIA

TEXTES PROVENÇAUX

EN MAJEURE PARTIE INÉDITS

PUBLIÉS ET ANNOTÉS

PAR

CAMILLE CHABANEAU

PARIS

JEAN MAISONNEUVE, LIBRAIRE-ÉDITEUR

25, QUAI VOLTAIRE

—

1889

VARIA PROVINCIALIA

Extrait de la *Revue des Langues romanes.*

VARIA PROVINCIALIA

TEXTES PROVENÇAUX

EN MAJEURE PARTIE INÉDITS

PUBLIÉS ET ANNOTÉS

PAR

CAMILLE CHABANEAU

PARIS

JEAN MAISONNEUVE, LIBRAIRE-ÉDITEUR

25, QUAI VOLTAIRE

1889

C.

Guiraut Riquier

IV.

Jes d'amor no sabetz pro,
C'ans dizetz falhimen gran,
Miquel, e no sabetz co?
Qu'ieu res d'aco nous deman.
35 En Codolet (falh) yssamen
Falh, mas] non tan laiamen,
Car lauzat
M'a l'esgart privat,
Mas res nom despleya
40 Del deman que deya.

Miquel

V.

Yeu vos ay dita razo,
Guiraut, segon mon senblan,
E vos metetz mi tenso
Ab vostr' engenh c'avetz gran,
45 Qu'ieu parli pron, qui m'enten,
Del deman c'aysi[s] conten.
Si l'amat
Nol a joy donat,
De leys cuy enveya
50 Ben laus ques recreya.

Codolet

VI.

Guiraut Riquier, oc e no
Vos puesc dir al meu semblan.
Mays er ay chauzit mon pro
De so c'anatz demandan,
55 Sis fis aman que s'enten
A pros dona conoysen,
Qu'esgardat
L'aya per privat,
De fin cor l'autreya
60 Lo joy quel guerreya.

G. Riquier

VII.

Miquel, ab razonar gen

Cujatz cobrir falhimen ;
    El falhat
    Codolet vertat.
65   Mays lo Viguier veya
    D'ams cal pus fadeya.

Miquel

VIII.   Guiraut Riquier, nom repen
    Per vostre blasmar soven
      Ni falsat
70   Non ay lo dictat.
    Mas mon cor s'autreya
    Al Vygier co veya.

Codolet

IX.   Per l'onrat Vigier valen
    Vuelh venir a ensenhamen,
75   C'al falhat
    Digua escac mat,
    Guiraut, e que veya
    De nos cal fadeya.

II

(B. N., ms. 22543, f⁰ 35 *b*)

TENSO

I.   Auzit ay dir, Bofil, que saps trobar
    E fas coblas ; mays saber vuelh breumen
    Per can chantas. As de re espaven,
4   O as dona per que o deyas far ?
    O si cantas per plag de joglaria,
    Ni per aver de lunh home que sia,
    O si chantas que ton pretz s'en enans,
8   Car ton can val, s'as razon per que chans.

II.   — Guiraut, ieu chan per mon cors alegrar,
    E per amor de ley quem ten jauzen,
    E car me platz pretz e joy et joven ;
12 Mas ges non chan per aver acaptar,

Ni jes non quier, enans t'en donaria,
C'a mans ne do per amor de m'amia,
Qu'es cuend' e pros e gay' e ben estans;
16 E chan per lieys, car mi fa bels semblans.

III.   — Bofilh, enquer te vuelh mays demandar;
Pus per amor cantas nit tens jauzens,
Ni per domna, o di m' o sertamens,
20 De cal ley(s) es ...degra m'en cessar,
Car nos tanh jes c'om que trachors sia
Cui escontra tengas nostra via,
Car totz tos ditz e tos fatz son pezans
24 A Jesu Crist, car lō avetz esglans.

IV.   — Pus plag d'amor layssatz per sermonar,
Laysal parlar e vist blanc vestimen,
Guiraut, e pueis er grans l'esputamen,
28 Que jes mi dons no vol crotz adhorar,
E si en tu fos amor ni cortezia,
Jal tuegar nom tengras a folia,
C'amors vol ques tuejols aymans,
32 Per que degus non deu esser clamans.

V.   — Bofilh, anc hom no poc pus ferm amar
Ni en sermo non ac mens son enten
Que yeu, per tal que en lays domney plazen.
36 May repenret deguy del tuejar,
E tu com fol despendes ta folia,
Que vestimen velas dir not tanhia,
Nil jutjamens pero tan per prezans
40 Sel d'Opian...

VI.   — La tenso lais, c'ueymay not respondria,
Car razot falh e dizes vilania,
E passi m'en per mo senhor Bertran[s],
44 Sel d'Opian, qu'es d'amor benenans.

VII.   — Ta resposta no vuelh ni ta paria
D'est' or' enan, car ma valor s'en bria
E mos sabers n'es mermatz qu'era grans,
Car ab ton pus m'en es cazutz us pans.

III

(B. N., ms. 22543, f° 34 a)

I   Falco, don[a] avinen
        Amatz mays que res c'anc fos,
        [E vos] sabes fermamen
        Qu'il ama atertan vos,
   5   Et als non podetz aver;
        On faytz tot vostre voler
             Desamatz,
           Saben quel desplatz.
        Cauzetz ses falhensa
 10   Cal plus vos agensa

II.   — Per bo tenc lo partimen,
        Guiraut, mais l'una razos
        Val mays a mon essien;
        E ia nom sia autres pros,
 15   Am mays leys que, si poder
        [N'a], fara mi mon plazer,
           Que mon bratz
         Per l'autr' enjanatz,
        Car a ma parvensa
 20   Fay o per temensa.

III.   — Pres avetz nessiamen,
        Co volpilh de dezir blos,
        Car am desesperamen
        Voletz esser amoros,
 25   E faus o far non poder.
        Trebalhatz may vuelh tener
           Ley que[m] platz
         A ma[s] voluntat[z],
        Que, ses joy, sabensa
 30   De sa benvolensa.

IV.   — Mays vuelh per son cors plazen
        Trebalhat, estar joyos

Qu'aver l'autr' ab marrimen ;
Per qu'ieu laus lays a estros.
35   Com la podetz mantener ?
Dol n'a can l'anatz vezer,
   E solatz
   De vos non li platz ;
   Ans d'elaus comensa
40   Yra e malvolensa.

V.   — Quy pot complir son talen
De so de qu'es enveyos,
Trebalhatz, non es parven
Que res sia sofrachos ;
45   Et amar ses bon esper,
El trebalh el mal saber,
   Vos l'ayatz,
   Qu'iem son acordatz
   C'autra malsabensa
50   Mon plazer non tensa.

VI.   — S'a leys c'amatz finamen(s)
Trebalhatz es enueyos,
Pueys nous tenra per valen,
Car vas Amors non es pros ;
55   Vas ela faitz non dever,
C'ap joy se vol sostener.
   Iraus platz,
   Sol profieg n'aiatz ;
   Yeu vuelh entendensa
60   D'amor ab plazensa.

VII.   — Trebalhar mays fay valer
Ma part quel vostra per ver,
   Don es maiz
   S'om dreg ven jutjatz.
65   En Miquel prec vensa
   La major falhensa.

IV

(B. N., ms. 22543, f⁰ 33 d.)

I.
     G. Raynier pus non puesc vezer vos,
     Parlar yeu vuelh, e digatz m'en chantan
     D'est partimen qu'ieu vos meti denan :
4   Cal penriatz per melhor ad estros
     Que donzela amassetz lialmen
     E non acsetz mas sol l'aculhir gen,
     O tal veuza queus fes tot vostre grat
8   En dreg d'amor? Chauzetz lo pus onrat.

II.
     — Guiraut Riquier, mays vuelh esser joyos
     De donzela que fassa bel semblan,
     Que can remir lo cor [tot] m'en resplan
12   Sa gran beutat e son pres amoros,
     Car donzela ama pus coralmen,
     Sitot ades no so fa a parven,
     Per qu'ieu vuelh mays ab lieys parlar mon grat
16   Que de veuza fezes ma voluntat.

III.
     — G. Raynier, mal paretz cobeytos
     De l'onrat joy que tug li fin ayman
     Enveyan tan, en sofron tal afan
20   Que mans n'a mortz, e mi ten cossiros ;
     C' amar voletz desesperadamen
     Ab l'aculhir, non poder vos repren.
     Yeu vuelh jauzir so c'ay tan dezirat,
24   E vos lang[u]etz ab cor desesperat.

IV.
     — Guiraut Riquier, yeu ay mantas sazos
     Gaug e deport ab lieys on pres s'espan,
     Que bel parlar me dona joya gran,
28   E tenc mon cors alegre e joyos,
     E l'acuillir donam tant ardimen
     Que nom membra degun mal pessamen ;
     Mays la veuza c'a so marit uzat
32   Uzara vos ab sa falsa beutat.

V.   — Anc nous destreys amors, n'ayman ginhos,
          Que l'onrat joy sieu metatz en soan
          Per l'aculhir, es amatz ab enjan
     36   Ses tot respieg, e sirvetz en perdos,
          G. Raynier, car res nol falh viven
          A sel que pot complir tot son talen,
          E sil veuza blasmatz de falsetat
     40   Al donzela aytal dizetz viltat.

VI.   — Trop poyria durar nostra tenso[s],
          Amicx Guiraut, et anem non layssan,
          Pero beus dic que la veuza soan
     44   Per l'aculhir, don m'aonda razos,
          Quel donzela m'acuelh tan dossamen
          C'ap si reten tot mon cor e mon sen,
          E pus yeu puesc ab leys parlar mon grat,
     48   Del partimen ay tot lo mels triat.

VII.   — G. Raynier, chausit avetz nessiamen,
          En Dardasier prec qu'en don jutjamen,
          Que falhitz es et yeu ay von proat,
     52   Car per longuier layssatz joy acabat.

III.   — G. Riquier, ades mi ten jauzen
          La donzela, can vey son bel cors gen,
          En Dardasier digan la veritat
          Cals de nos dos a pres lo pus onrat.

                        V

                (B. N., ms. 22543, f° 35 a)

                     [P. TORAT]

I.   Guiraut Riquier, si beus es luenh de nos,
          Coselh vos quier e donatz lom breumen(s):
          Una don' ay amada lonjamen(s),
     4   Bel' ab gens huelhs et ab plazens faysos,
              Quem ausi em esglaya
          E no vol far en dreg mi ren quem playa;

Et yeu fas tot so que vol ni cove
8   E lieys no denha ni vol aver merce.

II.   E soy preyatz per autra ad estros
Aytan bela et aytan avinen(s)
E vol me far un aital mandamen(s),
12   Si laysi leys que m'es de greu respos,
Que s'amor nom estraya
Per lunha res que hom de mil retraya;
Ans ditz quem er plazens en tota re
16   Sim lays d'amar lautra que nom rete.

III.   Dieus prec yeu c'am vos aya
Na Bel Deport que tan fort vos esglaya,
Guiraut Riquier, e vos preyatz per me,
20   Car desamatz am e non ay nulh be.

IV.   Den Dardasier vos puesc dir una re,
Que fort ama n'Alazaytz e platz me.

GUIRAUT RIQUIER

I.   Sieus es tan luenh, mos cors es pres de vos,
En P. Torat, car crezes mot valen(s),
. . . .
26   Et anc nous vi, ans ne soy volentos;
Mays pero co quem n'aya,
Per negun fag mo saber no s'esmaya;
Ans vos daray coselh segon ma fe
30   Bon e lial e ad honor de me.

II.   So qu'es pus car tenc per pus pressios
Que so c'om pot aver leujeyramen(s),
Car so que [leu] ven va leu eysamen(s);
34   Per queus cosselh ans amar en perdos
Leys queus nafra ses playa
E queus laysetz de l'autra queus assaya,
Car prometen vos vol tyrar a se
38   Non per amor, mays per enjan, so cre.

III.   Tota dona qu'es gaya
Vol assayar fin aman, ans quel aya

Esgardamen de far plazer en re(i);
42 Mas pueys ne val .vc. mals traytz un be.

IV. En P. Torat, mon Bel Deport me te
Ses tot respieg, e per tant nom recre.

NOTES

I.— 2. Ms. *a tu c.* — 3. Ms. *bon.* — 5. Ms. *es o cart.* —7. Corr
S'a selat? — 15. Ms. *nō.* —18. Corr. *Esgart?* — 26. Ms. *mēs garda.*
27. Ms. *selatz.* — 30. Ms. *quē.* — 33. Ms. *cō.* —41. Ms. *razō.* —
45. Ms. *que.* — 55. « Sis.» = *si es?* Le ms., d'après ma copie, porte-
rait *Fis.*

63. Corr. *A* ou *A s* ou encore *E*, en prenant *falhat* pour égal à *fa-
lhatz?* Dans ces deux derniers cas, *Codolet*, qu'il faudrait mettre entre
deux virgules, serait un vocatif. — 71. Ou *cors a?* — 72. Ou *c'o?*
74. Corr. *juljamen.* — 76. Ms. *dig na.*

II.— 2. Corr. *far?* — 3. Ms. *chans.* —20. Il doit y avoir par ici une
lacune. Je soupçonne que cette lacune existe entre le premier et le
second des hémistiches de ce vers et que le copiste aura sauté : 1° la
fin (quatre vers et demi) du couplet 3; 2° le couplet 4 entier, qui ap-
partenait à Bonfils ; 3° le début (trois vers et demi) du couplet 5, dont
les vers 20 (à partir de *degra*) à 24 de notre copie formaient la fin. On
voit clairement par le couplet 4 actuel (qui dans mon hypothèse devrait
être le sixième) et par le suivant que Guiraut Riquier avait dû se plain-
dre d'être tutoyé par Bonfils. Or aucun des vers précédents ne ren-
ferme un pareil reproche.
21. Corr. *d'ome? que om?*
22. Manque une syllabe. Corr. ?
24. Corr. ?
27. Corr. *desputamen?*
28. On sait que les Cathares refusaient non-seulement d'adorer la
croix, mais même de faire le signe de la croix. Étienne de Bourbon
rapporte que des « hérétiques », cherchant à « corrompre » un adolescent,
lui disaient : « Ad minus non potes dicere quin fatuus sis, tu et alii, qui
crucem adoratis, in qua deus vester crucifixus est; non enim bonus
filius es, adorando et honorando patibulum in quo pater tuus pepen-
dit. » Cf. Peire Vidal (*Pos ubert ai*), v. 77 :

L'eretge fals que nos senha.

31. Corr. *Que amors?*

33-40. Ce couplet est placé dans le ms., par erreur sans doute, après les vv. 41-44, qui paraissent constituer la première tornade. Il doit manquer, d'ailleurs, un autre couplet après celui-ci, car il est contraire à l'usage que Guiraut, ayant commencé la tenson, ait le dernier mot. Peut-être, en outre, les deux tornades ont-elles été interverties et est-ce la première (vv. 45-48) qui devrait terminer la pièce.

37. Corr. *defendes?* — 38. Corr. *blanc dire?*

39. ?.. « tan. » Corr. *ten?* — 40. Cf. v. 44. Le copiste, ayant transcrit ici par erreur cet hémistiche, aura oublié de se corriger et laissé le vers incomplet.

48. « pus. » Corr. *pres (pretz)* ?

III.— 8. Ms. *cal.* — 17. Corr. *mos gratz?* — 33. Ms. *Que l'autra ab.* — 34. Ms. *lavos.* — 44. Ou corr. *Qu'en?*

52. Ms. *et.* — 57. Corr. *S'iraus?* — 61. Ou *trebalhat?* C'est la lecture de M. Selbach. —62. Ms. *La part.*—Ms. *perier* (*p* barré).— 64. Ms. *Sō.* — 66. Il manque évidemment une tornade. Peut-être avons-nous ici la fin de la seconde avec le commencement de la première.

IV.— 7. On avait d'abord écrit *veuva*. La correction est d'une main plus récente.— 10. Corr. *quem?* — 12. « pres. » Ms. *pus*. Faut il construire : « Que¸ can remir sa gran beutat....., lo cor [tot] m'en resplan... » ? — 14. « so. » Ou *s'o?*

24. Ms. *desesperatz.* — 33. « n'ayman gignos. » C'est un vocatif.— 40. Ms. *viltaz.*

42. Pour *nos en.* — 49. Suppr. *Raynier* (ou *G.?*) pour rendre au vers sa juste mesure.

V.— 4. Ms. *Bele gens.*

24. Proncez *Peir*, et de même au v. 43. — Manque un vers après celui-ci ; ou deux moitiés de vers après *vi* du suivant?

33. G. Riquier aurait pu appuyer son conseil de l'exemple de Gaucelm Faidit et de Richard de Barbezieux. Voy. les biographies de ces deux troubadours, pp. 36 et 44 de mon édition.

———

M. Pfaff, dans son édition de Guiraut Riquier, a publié quinze tensons de ce troubadour (pp. 233-255 ; nos LXXXV-XCIX). Celles qu'on vient de lire portent ce nombre à vingt[1]. C'est beaucoup plus qu'aucun au-

———

[1] Nous en aurions probablement deux de plus sans une mutilation subie par le ms. 22543. Voy. Paul Meyer, *Derniers Troubadours de la Provence*, p. 184, n. 5, et ci-après, aux articles de Guilhem de Mur et de Marques [de Canilhac].

tre troubadour n'en a laissé. J'ai pensé qu'il pourrait être intéressant
de donner ici la liste alphabétique des noms qui figurent dans ces ten-
sons : interlocuteurs, arbitres, ou autres personnages simplement nom-
més, en tâchant, autant que possible, de les identifier. Ce sera comme
un essai de restitution partielle de la société choisie au sein de laquelle
et pour laquelle composaient Guiraut Riquier et la plupart de ses con-
temporains[1]. Les chiffres romains (de I à V) renvoient aux tensons du
présent recueil ; les chiffres arabes, en caractères gras, à celles de l'é-
dition Pfaff ; les chiffres arabes ordinaires, précédés de p., aux pages
de cette même édition.

[AIMERIC IV], « lo bon senhor de Narbona » (1270-1298). Choisi pour
juge de la tenson **90**. Plusieurs des pièces du poëte lui sont adres-
sées. La suscription de l'une d'elles (n° 76), dont la date malheureu-
sement a disparu[2], nous apprend qu'il était alors à Tunis, sans doute

---

[1] En dehors des noms mentionnés dans cette liste, soit à leur ordre alpha-
bétique,— comme figurant dans les tensons,— soit, çà et là, dans divers arti-
cles concernant d'autres noms, on n'en trouve qu'un assez petit nombre dans
les œuvres du poëte. J'en forme ici une seconde liste, qui, jointe à la première,
comblera une lacune de l'édition de Pfaff, où manque un *index nominum*.

BONET CONTASTI (pour *Constanti* ?). — Nommé dans l'épitre à Aymeric de
Narbonne, qu'il avait accompagné à Tunis. 1270 (?). P. 148.

[EDOUARD I], roi d'Angleterre. Nommé, 1280. P. 51.

[CHARLES I], comte de Provence (1245-1285). Nommé, 1280. P. 51.

[GUILLAUME V], marquis de Monferrat (1254-1292). Nommé, 1280. P. 34.

G[UILHEM] DE ROFIAN (Rouffiac, Aude, arrondissement de Carcassonne ?). Le
poëte lui adresse une épitre, à Majorque, en 1266. P. 123.

JOAN [DE ROFIAN], frère du précédent, nommé dans la même épitre (1266).
P. 125.

LOUIS IX (Lo rey Lodoyc). Nommé et loué. 1267. P. 129.

[MARGUERITE] (la reine), femme de saint Louis. Nommée et louée. 1267.
P. 129.

P. ESTÈVE. Nommé dans l'épitre à Aymeric de Narbonne, qu'il avait accom-
pagné à Tunis. 1270 (?) P. 148.

PHILIPPE LE HARDI, roi de France. Loué, du vivant de son père (1267), p. 129 ;
nommé par son titre en 1280, p. 50.

RAMON JOAN. Nommé dans la lettre à Aymeric, qu'il avait accompagné à Tu-
nis. P. 148.

[ROGER BERNARD III], comte de Foix (1265-1302). Une pièce datée de 1284
lui est adressée. P. 63.

SICART DE PUY LAURENT. G. Riquier lui adresse une épitre à la cour du roi
de France. 1267. P. 126. Cf. Vaissete, IX, 58.

[2] Le poëte, en un endroit (v. 141), lui rappelle, comme exemple à imiter, le
légendaire Aimeric, conquérant de Narbonne sous Charlemagne, qu'il appelle
l'aujol n' Aymeric ; car c'est ainsi que je crois qu'il faut lire ce que l'édi-

avec le roi Louis IX. Son père Amalric est souvent loué par G. Riquier, qui composa un *planh* sur sa mort.

ALAZAIS, amie de Dardasier. Tenson V. Peut-être la même qu'Alazais d'Assilhan, que G. Riquier alla visiter en 1269 (p. 105).

ANFOS (lo valen rei n'). Tenson **85**. Alphonse X, roi de Castille. Guiraut Riquier alla à sa cour et lui adressa plusieurs de ses poésies, de 1265 à 1274.

ASTARAC (comte d'). [Bernard IV (1249-1291) ou Centulle III, son fils, qu'il s'associa dès 1269 et qui mourut au plus tard en 1300]. Interlocuteur dans la tenson **93** et juge de la tenson **95**. G. Riquier alla à sa cour en 1276; il le nomme avec éloges dans deux pièces datées de 1282 et de 1284.

AUSTORC DEL BOY. Interlocuteur dans la tenson **99**. Je n'ai pu trouver aucun renseignement sur ce personnage ni découvrir de quel lieu il tirait son surnom. Il paraît avoir porté en outre le nom (ou sobriquet?) de Rainaut (Rainart). Voy. vv. 23, 57.

BEL DEPORT. Nom secret de la dame de G. Riquier. Tenson V.

[BERNARD VI], comte de Comminges. Choisi pour juge de la tenson **98**. Ce seigneur était beau-père de Henri II, comte de Rodez, à la cour duquel cette tenson, comme la plupart des autres, fut peut-être composée.

BERTRAND D'OPIAN (Oupia, Hérault, arrondissement de Saint-Pons, canton d'Olonzac). Juge proposé pour la tenson II. Ce personnage est loué ou nommé dans cinq autres pièces de G. Riquier, composées de 1254 à 1269. Un Bertran d'Opian, peut-être le même (ou son père?) figure dans trois actes, datés de 1229 et 1242, rapportés dans l'*Histoire de Languedoc*.

BONFILS (Bofilh). Interlocuteur dans la tenson II.

CODOLEN ou CODOLET. Interlocuteur dans la tenson I. C'était peut-être un jongleur originaire du lieu de Codolet, près du Pont-Saint-Esprit (Gard).

CRISTALH (mon), surnom de la dame d'Eveyos. Tenson **87**.

DARDASIER, juge choisi de la tenson IV; mentionné dans V. Je n'ai trouvé aucun renseignement sur ce personnage. Faut-il dans *Dardasier* voir un sobriquet (*Dard d'acier*), ou rapprocher ce nom de *Darderio, Dardesio*, qui fut le surnom d'un sénéchal de Philippe de Montfort, *Stephanus de Dardesio* (1270)? Voy. *Hist. de Languedoc*, VIII, 1706.

ELIONOR, choisie, avec Henri [II de Rodez], pour juge de la tenson

___

teur a imprimé (sans doute d'après le ms.) *l'aial en Aymeric*, à moins qu'il ne vaille mieux corriger *del vassal n' A.*

91. Quelle est cette dame ? Probablement la femme de Bernard VI, comte de Comminges, beau-frère de Henri de Rodez. Cette dernière à la vérité se nommait Laure. Mais il paraît qu'on l'appelait aussi *Eleonor.* Voy. l'*Hist. de Languedoc*, t. VII, p. 127. Elle avait, du reste, une sœur cadette, qui portait exclusivement ce dernier nom, et qui fut plus tard comtesse de Vendôme et dame de Castres. Mais il est peu probable que ce soit celle-ci qu'il faille voir dans le second juge de notre tenson.

ENRIC [II], comte de Rodez (1274-1302). Interlocuteur dans les tensons **89, 95, 99**; juge des tensons **91** et **96**. De cette dernière, le jugement (un couplet et une tornade) nous a été conservé[1]. La cour de ce prince, avec lequel G. Riquier était déjà en relation avant son avènement, fut fréquentée par un grand nombre de troubadours[2]. C'est là que furent probablement débattues la plupart des tensons où notre poëte prit part.

EVEYOS, interlocuteur dans la tenson **87**. Ce doit être le nom, ou plutôt le surnom, d'un jongleur. Nous avons vu plus haut que le nom secret de sa dame était *mon Cristalh*.

FALCO, interlocuteur dans la tenson III.

FOLQUET, interlocuteur dans les tensons **86** et **98**. Ce Folquet est sans doute Folquet de Lunel, qui, comme Guiraut Riquier, fréquenta la cour de Rodez, et célébra le comte Henri II[3].

GUILHEM DE MUR (Mur ou Murs-de-Barrez, arrondissement d'Espalion?). Interlocuteur dans les tensons **88, 91, 92, 94, 96**. Ce poëte fait, en outre, le sujet de la tenson **99**, où G. Riquier prend sa défense contre Austorc del Boy et le comte [de Rodez], dont il venait de quitter la cour. Une autre tenson de G. de Mur, probablement aussi avec G. Riquier, a disparu avec le feuillet (73) du ms. 22543, qui la contenait.

On possède encore une tenson entre Guilhem de Murs et un personnage qui n'est pas nommé, mais qu'il qualifie de *senher*, et qui pour-

---

[1] On sait qu'on possède aussi de Henri II de Rodez l'approbation, en trentesix vers octosyllabiques, de l'« exposition », c'est-à dire de la glose ou du commentaire, par G. Riquier, de la chanson *del menor ters d'amor* de G. de Calanson. Voy. Mahn, *W.*, IV, p. 232.

[2]   Car entorn si trobet   Venc voler al senhor
        De trobadors gran re,   N' Enric . . . .
        Com soven s'endeve,   (Mahn, *W.*, IV, 211.)

[3] C'est par Folquet de Lunel que nous savons que le comte Henri II possédait un recueil des poésies des troubadours, dans lequel Folquet exprimait le vœu que son *Romans de mundana vida* pût trouver place.

rait bien être Henri de Rodez. Voy. Paul Meyer, *Derniers Troubadours de la Provence*, p. 46. Enfin Guilhem de Murs est aussi l'auteur d'un sirventes (exhortation à la croisade, adressée en 1268 ou 1269 à Jacques le Conquérant) qui n'a pas encore été publié en entier, et que nous donnons ici intégralement, d'après le seul ms. qui l'a conservé, et où il est malheureusement mutilé.

(Ms. 856 de la B. N., fo 368)

GUILHEM DE MUR

I.   D'un sirventes far mi sia Dieus guitz,
Quar comensat l'ay per bona razo,
Quar lo sanh bers on Dieus fon sebelhitz
4 Volon liurar[1] aissilh qui de luy so,
E siatz certz quals que s'en entremeta
E n'intr'en mar ab bon(a)' [ent]ensio,
Que Jesu Crist en tan [aut] luec los meta,
8 En paradis, quon li siey martir so.

II.   Pero quascus gart quon ira garnitz,
Quar Dieus no vol qu'ab l'autrui garnizo,
De qu'autre a tort sia despossezitz,
12 Lai pas nulh hom ses satisfactio ;
Per qu'ieu non cre qu'a tal home prometa
Dieus son regne ni que s'amor li do,
Si ben lay vay ab arc et ab sageta,
16 Qu'el sout que pren cobra son gazardo.

III.   Non cre sia per Dieu gent aculhitz
Ricx hom que pas ab l'autrui messio,
Ni selh qu'a tort n'a los sieus descauzitz,
20 Ni fai raubar per aquelh' ochaizo ;
Quar Dieus sap tot que porta en sa maleta,
E, s'ab tort vay, trebalha s'en perdo,
Quar Dieus vol cor fin ab volontat neta
24 D'ome que pas mais per lui que per do.

IV.   Don tem que moutz n'i aura d'escharnitz,
Quar mais los aug querrel sout quel perdo,
E dels tort[z] vielhs vey paucs restituitz,

---

[1] Corr. *cobrar?* Ou *Deliurar volon cilh?*

28 . . . .
  Quar yeu no vey qu'om esmenda trameta
  Ni say ni lay, et non cre nulh sermo
  Qu'us ranbaire, per la crotz d'una veta,
32 Ses esmendar venh' a salvatio.

V. Pero aisselh a. . . . . .litz
  De l'esmend. . . . . .o
  Dels tortz qu'a fa. . . . . .guanditz
36 Ab que. . . . . .confessio
  E sera. . . . . .violeta
  A Dieu. . . . . .pren passio,
  Ont elh la pres aspra, nos trop dousseta,
40 Qu'eram liurat tug a perdicio.

VI. L'arcivesque prec de cuy es Toleta
  Qu'amoneste lo bon rey d'Arago
  Que per complir son vot en mar se meta
44 E per tener en pes son bon resso.

VII. E s'al comte de Rodes platz quem meta
  En mai d'arnes, yeu mezeis. . . . . . . .o [1].

GUILHEM RAYNIER. Interlocuteur dans la tenson IV. Nous ne savons sur son compte que ce que cette tenson peut nous en apprendre.

[GUIRAUT], seigneur de Canpendut. Choisi pour juge de la tenson **86**. Sa fille, Simone, fut la bru de Guilhem d'Anduze [2], seigneur d'Olargues (Hérault, arrondissement de Saint-Pons), de qui nous possédons une chanson, et avec qui G. Riquier fut en relations (voy. p. 22) comme il l'avait été avec son beau-père Bernart d'Olargues, à qui sa première chanson est adressée.

JAUFRE. Interlocuteur dans la tenson **97**. Très-probablement Jaufre de Pons, gendre de Henri II de Rodez. Il est qualifié de *senher* par G. Riquier.

JOLIVET. Tenson **97**. Surnom d'un ami de Jaufre [de Pons]?

JORDAN [IV, seigneur de l'Isle-Jourdain (1240-1288)]. Interlocuteur dans la tenson **85**, juge dans la tenson **93**. Il épousa, en secondes noces, Vaqueira de Montelimart, veuve de Peire de Lautrec, que nous retrouverons plus loin.

---

[1] *l'en somo?*

[2] Philippa, femme d'Amalric, vicomte de Narbonne, qui devint veuve en 1270, et que Guiraut Riquier célèbre dans une pièce datée de 1269 (p. 70), était la sœur de Guilhem d'Anduze.

LIVERNON [la dame de]. Tenson **85**. Je n'ai su rien découvrir concernant cette dame. Livernon est un chef-lieu de canton du département du Lot, arrondissement de Figeac.

MARQUES [DE CANILHAC[1]]. Interlocuteur dans les tensons 89, 90, 94. Une autre tenson du même, probablement, comme celles-ci, avec G. Riquier, se trouvait sur un feuillet, aujourd'hui disparu, du ms. 22543.

MARQUEZA (Na). Tenson **85**. Probablement Marquise de Baux, première femme de Henri II de Rodez.

MIQUEL DE CASTILHO. Interlocuteur dans la tenson I; et probablement le même que Miquel, sans surnom, choisi pour juge de la tenson III.

PAULET. Interlocuteur dans la tenson **85**. Peut-être le même que Paulet de Marseille. Voir E. Levy, *le Troubadour Paulet de Marseille*, p. 7.

[PEIRE III], roi d'Aragon (1276-1285). Tenson **85**. Le poëte le loue dans trois autres pièces, datées de 1268 (il n'était alors qu'infant), de 1280 et de 1282.

PEIRE D'ESTANH. Choisi pour pour juge de la tenson **89**. Son jugement nous a été conservé. Sans doute un membre de la famille d'Estaing, comme le « Guillelmus dominus de Stagno » (frère ou fils du nôtre?) qui figure sous l'année 1285 dans l'*Hist. de Languedoc*.

PEIRE DE FRAISSE (Hérault, arrondissement de Saint-Pons, canton de la Salvetat). Juge de la tenson **87**. Sans doute le même que « Petrus de Fraxino jurisperitus », que nous voyons figurer comme témoin dans un hommage rendu en 1272 à Aymeric, vicomte de Narbonne.

[PEIRE PELET], seigneur d'Alais (Alest). Interlocuteur dans la tenson **95**. Ce seigneur était beau-frère de Henri de Rodez, le troisième interlocuteur de cette même tenson. Il mourut en 1282.

PEIRE TORAT, auteur de la première partie de la tenson V. Nous ne savons de lui que ce que cette pièce nous en apprend.

POLHA (lo rey que ten). Conrad ou Manfred? Plus vraisemblablement le dernier. Tenson **85**. Il ne peut s'agir de Charles d'Anjou. Cf. E. Levy, *Paulet de Marseille*, p. 7.

RAIMON YZARN. Interlocuteur dans la tenson **85**. Un Pierre Yzarn (le père de notre Raimon?) figure parmi les chevaliers du Rouergue qui prirent part à la première croisade de saint Louis.

RAINART ou RAINAUT. Voy. Austorc del Boy.

SAISA (Na). Tenson **85**. Une na Saisa est louée dans une danse anonyme (*Gedichte*, 562); mais ce ne peut être, semble-t-il, la même que la nôtre.

---

[1] Voy. mon édition des *Biographies des troubadours*, p. 159, n. 2 et 3.

[VAQUEIRA, vicomtesse de] Lautrec. Tenson **85**. Cette dame, deve-
nue veuve, épousa en secondes noces Jordan IV, seigneur de l'Isle-
Jourdain, l'un des interlocuteurs de cette même tenson. Une autre pièce
de G. Riquier (la soixante-dixième), composée en 1269, est consacrée
à sa louange. Il l'y appelle *Coronda de tot Albeges*.

VIGUIER (le) [de...?]. Choisi pour juge de la tenson I.

A cette liste il faudrait ajouter VINCENT ou VINZENS, si l'on devait
s'en rapporter à Millot (III, 438), à Raynouard (*Choix*, V, 451) et à
Emeric David (*Hist. littéraire de la France*, XX, 604). Mais le per-
sonnage ainsi dénommé par ces auteurs n'est autre que Guilhem de
Mur, dont ils ont mal lu le vrai nom, écrit en abrégé. W. dans le ms.
C'est ce que prouve avec évidence l'extrait donné par Raynouard
de la tenson du prétendu Vinzens, qui est la pièce **94** de l'édition
Pfaff.

II

UNE CHANSON INÉDITE DE PEIRE VIDAL

Cette chanson, conservée dans le seul ms. 2814 de la bibliothèque Riccardi, à Florence, qui est, comme on sait, une copie partielle, exécutée au XVIᵉ siècle, du grand chansonnier de Bernart Amoros, est la seule des compositions de Peire Vidal parvenues jusqu'à nous qui manque dans l'édition de M. Bartsch [1]. Je la donne ici d'après une copie que M. Oreste Gamurrini, de la bibliothèque Laurentienne de Florence, a bien voulu se charger de faire pour la Société, il y a quelques années. Le texte en est corrompu en plus d'un endroit et présente des obscurités en assez grand nombre.

L'intérêt de cette chanson consiste surtout dans les allusions qu'elle renferme à des épisodes des luttes de Raymond V, comte de Toulouse, contre ses vassaux et contre Alfonse II, roi d'Aragon, que l'histoire paraît ignorer. On y trouve aussi la preuve, s'il faut du moins interpréter comme nous l'avons fait les couplets III à VI, que les surnoms *Mos Castialz* et *Mos Gazanhalz*, déjà connus par d'autres pièces de Peire Vidal, qui ne laissent pas voir clairement à quels personnages on doit les appliquer, désignent, le premier, Raymond V; le second, Alfonse II.

Ms. 2814 de la B. Riccardi, à Florence, p. 122.

EN PEIRE VIDAL

I.   Son ben apoderatz
    Per amor e vencutz,
    Car aital via tenc
    Qe lai on ieu plus prenc
5   D'ancta ni d'emcombrier
    Torni plus volontier(s),
    Per q'ieu sai q'es vertatz

---

[1] D'après M. Bartsch lui-même (*Grundriss*, 364, 5), il y en aurait une autre (*Aram vai meills que no sol*). Mais j'ai montré dernièrement (*Revue*, XXV, 236) qu'il s'agit seulement d'un couplet omis par le ms. C dans 364, 25, couplet que j'ai publié du reste en ce même endroit.

Q'el es mage[r] assatz
Gaugz, cant es car compratz,
10 C'aicel don es viutatz.

II.   Enq(i)er sui plus iratz
Del cordon q'ai perdutz
Qe d'aisso qe m'avenc ;
E pero ges nom fenc,
15 Anz sui plus vertadier
Qe no m'agra mestier,
Q'enqer par als costatz
Con ieu fui laig menatz,
E pueis m'es tot deintatz
20 Pois c'a ma dona platz.

III.   Don pueis mo[s] Castiatz
Aunitz ni rau(o)ba drutz,
Noil pes s'ieu l'en reprenc,
Car qi fa qi blastenc
25 Auzic de repropchier,
E car per pauc denier
Fui en sa cort raubatz,
Lo blapnes lieis ressatz,
E fora plus honratz
30 S'el fos d'el revenjatz.

IV.   Cel n'es plus enjanatz
Qi l'es d'amor tengutz,
Qel segnier de Berenc
Sai ben con l'esdevenc ;
35 E pueis lo Pognaut(r)ier,
Car guerrejet premier,
Fon per el desrocatz,
Et ja totz temps guidatz
Sos bos amics privatz
40 Si con l'escarava(i)tz.

V.   Per zo n'es sos comtatz
Enrechitz e cregutz ;
Mas meins val d'un arenc

Zo·qe per forza renc,
45 Q'el pres monge claustier,
A mi tolc lo monstier;
Pero si n'a raubatz
Sain Fesez e Mornatz;
Mas Tripol, so sapchatz,
50 Fo gent d'el conquistatz.

VI.   El portal els fossatz
De fon chau fondutz,
E pueis can m'en sovenc
Qe de plus no m'estenc,
55 Qez ane forchacier
Enemic e guerrier,
Si que mos Gazaignhatz
Ten Opida en patz;
E si es perdonatz
60 Si n'a tort lo pechatz.

VII.   Domna, vostras be(a)utatz
El finz pretz mentaubutz
Mi fai semblar sabenc
Tot autre joi c'anc venc
65 De vos un alegrier
M'estauc a cor entier
Don n'ai mager solatz.
Ai! Don', humilitatz
E pretz e pietatz
70 Vos met' entre mos bratz.

VIII. Na Vierna, poj[a]tz,
Vilas mal enseignatz
Es qi vos a loignatz
74 De nostras amistatz.

IX.   Per qe mos Chastiatz,
S'es per Roma crematz,
Sis fai mai es pechatz
78 Pos totz noi esta ratz.

NOTES

Vers 8 . Corr. *Qes es?* — 10. Ms *Caices.*

12. Le cordon qu'il avait obtenu d'Alazais, et dont il est question dans *Ajostar e lassar*, v. 24? Mais il faudrait ici *dels cordos.* — 17-18. Allusion à des coups qu'il reçut des serviteurs d'Alazais? La *razo* de la pièce précitée ne parle pas de mauvais traitements ; mais on peut supposer que le poëte, dans sa fuite (*e Peire Vidals s'en issi fugen*), dut attraper quelque horion. — 19. « E pueis. » Corr. *Pero?*

21. Le comte de Toulouse, Raimond V. — 22. « Aunitz », pour *aunis.* — 23. « pes. » Ms. *penz.* — 24. Corr. *C'aissi?* — 25. Ms. *repropelier.* — 26. « denier. » Ms. *damor.* — 28. Corr. *lhes (=li es) restatz?* — 30. Corr. *S'eu ?*

31. Ms. *Ces.* — 33. Corr. *Q'al senhor?* « Berenc », Brens (Tarn, arrondissement de Gaillac). — 35. Penautier, canton de Carcassonne. — 36. Ms. *guerrier.* — 38. Sous-entendre *fo ?*

44. Corr. *Zel qe?* ou *tenc (je tiens,* au sens de *on tient) ?* — 46. « A mi. » Il faut sans doute chercher là un nom de monastère. *A Vic?* — 47. Corr. *E pueis?* Ce serait l'inverse de la faute supposée au v. 19. — 48. Corr. *Sain Feliz ?* Ce pourrait être Saint-Felix, Vaucluse, commune de Malemort. — « Mornatz . » Mornas, Vaucluse, arrondissement d'Orange. En 1178? Cf. l'*Histoire de Languedoc,* VI, 76. — 50. « gent d'el. » Corr. *genseis?* Tripoli fut conquis par Raymond de Saint-Gilles, aïeul de Raymond V, dont il s'agit ici.

51-2. Corr. *El portals el....De Fonchaud' es...?* Foncaude, abbaye du diocèse de Narbonne. — 53. Corr. *E plor can?* — 55. Corr. *a ves Forcalquier ?* — 57. Le roi d'Aragon, Alphonse II. — 58. Oppède, arrondissement d'Apt (Vaucluse).

62. Ms. *mentraribulz.* La seconde *r* n'est pas sûre. — 63. Corr. *falbenc* (pâle) ? — 65. Corr. *Deves* (à côté de, comparativement à) ? — 66. Corr. *Q'estancal?* On pourrait songer à corriger seulement *M'estancal,* en laissant tel quel le vers précédent et mettant un point après *venc* (v. 64). Mais *un alegrier,* sujet singulier, serait une trop grosse faute contre la grammaire pour qu'on puisse ici l'admettre. Cf. pourtant le v. 15; mais là, *vertadier* n'est qu'attribut. Peut-être le ms., pour les rimes 5 et 6 de chaque couplet, est-il fautif d'un bout à l'autre de la pièce, et faudrait-il partout lire.. *iers,* comme au v. 6 du premier; mais cela paraît peu probable. — 67. Corr. *major?* ou *nais?*

71. Ms. *Naiuerna poitz,* ce dernier mot substitué à *pos,* écrit d'abord. Écrire *Pojatz,* qui serait un surnom ? *vos a loignatz* du v. 73

(il faudrait autrement *loignal* ou *loignada*) appuie cette conjecture.—
72. Ms. *Vilaz.*

76. Le comte de Toulouse ne fut pas brûlé, mais il fut excommunié,
et il dut être question alors (1179 ?) de brûler tout au moins quelques-
uns de ses sujets. Voy. Schmidt, *Histoire des Cathares*, I, 82. —77.
Corr. *Si fai mal e p. ?* ou *majors p. ?* —78. « noi » = *no li* (à Rome).
— « ratz » ?? Peut-être *râteau.* Le lat. *rastrum* aurait naturellement
donné *rastre;* mais de *rastel* on a pu déduire *rast*, dont le cas sujet
serait normalement *rats.* Le sens de ces derniers vers serait en gros :
« C'est pourquoi le comte de Toulouse, si Rome le maltraite, a tort
de ne pas lui être à son tour un râteau. » Vaudrait-il mieux traduire
rat? ou *radeau* (lat. *ratis*)? Ou encore penser à *ratus?* Nous nous bor-
nons à poser toutes ces questions.

Peire Vidal, dans une autre pièce, *Per pauc de chantar no me lais*,
composée durant la captivité de Richard Cœur-de-Lion (cf. v. 31), prit
encore Rome à partie :

> Qu'a Rom' au[1] vout en tal pantais
> L'apostolis elh fals doctor
> Sancta Gleiza, don Deus s'irais,
> Que tan son fol e peccador,
> Per que l'eretge son levat...

    [1] Et non *Quar com an,* comme a imprimé M. Bartsch. — Je profite de
l'occasion pour rétablir la vraie leçon de deux autres vers mal compris par
M. Bartsch (IX, 53-54). Au lieu de :

> Bels Sembelis, saut e so
> Am per vos e talio,

il faut lire :

> Bels Sembelis, Saut e So
> Am per vos et Alio.

Il s'agit du pays de Sault en Languedoc et des châteaux de Son et d'Alion,
Bel Sembelis étant le surnom d'Estephanette de Son, femme de Bernard d'A-
lion. Voir, dans mon édition, la biographie de Peire Vidal, p. 65, n. 7.

III

POÉSIES INÉDITES DE GAUCELM FAIDIT[1]

I

(Ms. 2814 de la bibl. Riccardi, à Florence, p. 166)

GAUCELMS FAIDITZ

I.
Del gran golfe de mar
E dels enoios[2] portz
E del perillos far
4   Soi, merce Deu, estortz;
Don posc dir e co[m]dar
Que mainta malanansa
I hai suffert e maint turmen;
8 E pos a Dieu platz que torn m'en
En Limozi ab cor jauzen,
  Don parti ab p(r)esanza,
  Lo tornar e l'onranza
12 Li grazisc, pos el m'o cossen.

II.
Ben dei Dieu merceiar,
Pos vol que sanz[3] e fortz
Puesc' el païs tornar,
16   Un val mais un paucs ortz[4]
Qe d'autra terr' estar
Rics ab gran benan[an]za;
Qar sol li bel acuillimen

---

[1] Les quatre pièces que l'on va lire sont les seules compositions du célèbre troubadour limousin qui n'aient pas encore été imprimées. — [2] Ms. *enois los*. — [3] Pour *sans*. — [4] Ms. *doir*.

20   Eil onrat fag ell dig plazen
   De nostra domna, [e]il prezen
   D'amorosa coindanza,
   E la douza semblanza
27   Val tot qan autra terra ren.

III.   Ar hai dreg de chantar,
          Pos vei joi e deportz,
          Solatz e domneiar,
28   Qar zo es vostr' acortz,
          E la font[1] el ris[2] clar
          Fan m'al cor alegranza,
          Prat[3] e vergier, qar tot m'es[4] gen,
32   Q'era non dopti mar ni ven,
          Garbi, maïstre, ni ponen,
           Ni ma naus nom balanza,
           Ni nom fai mais doptansa
36   Galea ni corsier corren.

IV.   Qi per Dieu gazaignar
          Pren d'aitals desconortz,
          Ni per s'arma salvar,
40   Ben es dregz[5], non ges tortz ;
          Mas cel[6] qi, per raubar
          E per mal' acordanza,
          Vai per mar un hom tan mal pren,
44   Em pauc d'ora s'aven soven
          Qe, qan cuj'om pujar, deissen ;
           Si c'ab desesperanza
           Il laissa[7] tot es[8] lanza
       L'arm' e lo cor, (e) l'aur e l'argen.

---

[1] Corr. *las fontz?* — [2] Corr. *riu?* — [3] Ms. *prai.* — [4] Ms. *mos.* — [5] Ms. *ben e saregz.* — [6] Ms. *ces.* — [7] Corr. *Eslaissa?* ou seulement *El?* — [8] Corr. *en? Lanza* serait une forme féminine de *lanz*, jet, coup de dé, hasard.

II [1]

(Ms. 15211 [2] de la B. N., f⁰ 140 v⁰)

GAUCELM FAIDIT

I.   Ar es lo mont vermelltç e vertç
      E de mantas colors cubertç,
      He remal brun' aura negra,
4   Els ausels deseron lur becs,
      Per c[h]'ieu ai talent che desple(i)c
      Tal un vers, c[h]e far no pogra
7   Mentre c[h]el desturbier me tenc [3].

II.   Mais era m'esmend'e m'endertç
      Los maltraitç c'avia sufertç,
      Non gies cill c[h]e far o degra,
11 Mas autra c[h]em trais fors los decs [4],
      Can vic lo gran affam quim crec,
      Don giamais mos cors nos mogra,
14 Sils fins gioi no fos c[h]em revenc.

---

[1] Pièce remarquable au point de vue rythmique. Les couplets ıv, v et vı, reproduisent respectivement les mots-rimes des couplets ı, ıı et ııı ; les couplets vıı et vııı (tornade) empruntent les leurs à chacun des précédents, dans l'ordre suivant : Couplet vıı : 1 = ı, 1 ; 2 = ıı, 2 ; 3 = ııı, 3 ; 4 = ıv (ou ı), 4 ; 5 = v (ou ıı), 5 ; 6 = vı (ou ııı), 6 ; 7 = ı (ou ıv), 7. Couplet vııı (tornade) : 1 = ı (ou ıv), 5 ; 2 = ıı (ou v), 6 ; 3 = ııı (ou vı), 7.

[2] Le ms. 15211 de la B. N. (T de Bartsch), qui nous a fourni cette pièce et les deux suivantes, est précieux à beaucoup de titres ; mais le texte en est souvent corrompu, et par suite plein d'obscurités, et la graphie dans la plus grande partie du moins, en est détestable. Son défaut le plus grave, à ce dernier point de vue, est l'emploi continuel qui y est fait du c devant i et e pour figurer le son dur que cette lettre ne doit avoir que devant a, o, u. Ainsi, v. 5, c'ieu = qu'ieu, v. 6, ce = que. Comme l'on trouve aussi, mais plus rarement, ch, selon l'usage italien (par ex., vers 5, che = que), j'imprimerai c[h], afin de prévenir toute confusion, partout où c devant e et i a le son dur.

[3] Ms. venc. Cf. la note 1 et les vers 28 et 49.

[4] Cette « autre » est probablement Audiart de Malamort. Cf. la biographie du poëte, razo 1, p. 36 de mon édition.

III. De mi dons qi m'es si autera[1] dertç,
      Perc[h]'ieu puosc et dei esser certç[2]
      Qu'ill a me no s'eschasegra.
18   Mais pos quel platç, eu no ssoi pecs,
      C'a ssom plasser ab lieis m'aplec,
      E l'autra c'ades mi nogra
21   Torne s'en ab aquo que (?)[3] venc.

IV.   Ab son engan qui's vairtç[4] e vertç,
      E ab sos bels ditç fals cubertç
      S'en torn ab s'amor negra[5],
      C'a doas lengas e dus becs.
      Mais lieis non cal, quis qu'en desplec,
      Lonc del mal q'ieu dir en pogra,
28   Sim volges, pel dan en quem tenc.

V.   Nos tainh, quil bela m'o endertç,
      E ssitot eu ai lai sufertç
      Los dantç que sufrir non degra,
32   Tuogll m'en e met ab leis mos (ferms) decs,
      Cui grasisc car mi det em crec,
      Che gia per autra no mogra
35   Mos cor del mal a[6] me revenc.

VI.   Per so dic c'a bona fem dertç
      Ma dopn[a], e ssoi ne ben certç,
      Mais dic c[h]e non s'escasegra ;
39   Neus que en penses, soi ben pecs.
      Per c[h]e ? car dic c'am lieis m'aplec.
      Mi trai doncs? Oc, no tam nogra
42   Ver dir al fi gioi quim venc[7].

VII. Si fera, quel gioi es trop verç,
      E gial dir non fora suferç
      Per lieis, e non s'escasegra,

---

[1] Corr. *q'es si autam?* — [2] Ms. *dertç.* — [3] On ne distingue bien que le *q;* le reste est empâté. — [4] Pour *vairs* (*varius*)? — [5] Vers trop court; suppl. *et* après *torn?* — [6] Corr. *don?* — [7] Manque une syllabe.—Le poëte, dans ce couplet, dialogue avec lui-même.

46   Que d'uns n'i a ab'trenchan[s] becs,
     Tals c'anc giois ab lur vol non crec ;
     Ans si poges cais ¹ mi nogra
49   Ab lieis, de cui mi meteis tenc ².

VIII.   Don deportç ³ lieis mon ver[s d]esplec,
           Denant n'Agout de cui mogra,
52   Sil gioi non fos c[h]e sai mi venc.

III

(Ibid., f° 144 r°)

GIAUCELM FAIDIT

I.   D'un dotç bell plaser
           Plasent
           Movon miei cant ver
           Valent
           Gient,
6   Car si mon solatç
           Platç
           Al[s] ben entendentç ⁴,
           Ni s'ieu be(n)
           Fas re,
           De mi dons mi ve,
11   Cui ne soi grasire.
           Liei desire
           Si c'alior
           Mon desir no v[i]re ⁵,
           Car lieis am e lieis ador
16   E causi[s]c per la meglior.

II.   Sol al sieu voler
           M'atent,

---

¹ Corr. *tals?* — ² Le ms. porte plutòt *renc.* — ³ ? ? Serait-ce le surnom d'un ami du poëte?
⁴ Ms. *albencrendetç.* — ⁵ Ms. *Si calcor men d. noure.*

                    Car del sieu saber
                      Aprent
                       Sen
        22   Tal do[n] m'es donatç
                      Gra(i)tç
                 Pel[s] plus conoisentç,
                  Tant gent me
                      Mante
                 La sua merce,
        27   Car soi bon sofrire,
                   C[h]e gausire
                     Soi d'amor
                 Don giausentç consire,
               Et anc a nul amador
        32   Non avenc tan de ricor.

   III.   E fas so¹ parer
                      Soen,
                 Car del clar dutç ser
                    Giausent²
                      Pren
        38   Consirier amatç.
                      Fatç
                 Soi et pauc sufrentç,
                   Car cussre³
                    Nos te
                 Ma boca, per c[h]e
        43   Tagn las n'asire⁴,
                   Cant m'albire
                    Sa valor,
                 E ffols trop pot dire.
               Soi donc fols, s'ieu dic m'onor?
        48   — Oc, sel dit torn' a folor.

   IV.   Com giam det poder

_____

¹ Ms. *sasso.* — ² Cf. la chanson *L'onrat jauzent ser* et sa *razo,* p. 38 de
mon édition des *Biographies.* — ³ *Sic.* Corr. *C'ab nul fre?* — ⁴ Vers trop
court. Corr. *che lan asire?*

Enten

. . . .

. . . . . .

. . .

54   . . . . [1]

Pat(i)ç,
Sofren clau la dentç;
Not sove
C[h]e sse
Part drut si no cre?
59   Trop potç ver asire,
Voll m'aucire
Sim socor
Eill cu soi servire,
Ni morai sin taih lausor?
64   — Oc, sil dit nol an sabor.

V.   Ben dei doncs temer
Tement;
Pero leis c[h]'esper
Grase[n]
Ren
70   Merces dels onratç
Latç
De c[h]em fes presens,
Et ssapte [2]
Nom ve,
Tan li ai [3] lial fe
75   C[h]el cor la remire
En sospire
De dolor
En trauc greu martire,
Car del cor var ai paür
80   Quem tegna per mentidor.

VI.   Pot li doncs caler,

---

[1] Lacune non indiquée dans le ms .— [2] Corr. *s'ap se*? — [3] Pron. *lhai*, ou corr. *l'ai?*

S'ieu ment ?
Hoc, giat vol veser,
Vai c'e[n]¹
Sen
86   Totç altres pensatç
Natç
De flacs pensamens
Tre unite²
Cove.
Vau duncs, giois mi me,
91   Si que eu deja rire.
E not tire,
Chanso, cor
Tost, ses escondire,
An Sobira mon segnor,
96   Cui pretç pren per valedor.

VII.   N'Agout aus eslire
En Plus Avine[n]t, c'ap lor
99   A cap bon preiss³ e valor.

IV

(*Ibid*, fº 145 rº)

GAUCELM FAIDIT

I.   Per l'esgar
Del temps clar,
Can la brun'aur'el freitç
C[h]e⁴ destreitç
Los adreitç
6   Auseletç de cantar,
S'esbaudea
Mos coragies,
Car salvagies
Plen d'enveia

¹ Corr. *Vai t'en?* — ² Corr. *Tro un te?* — ³ Corr. *pretz*.
⁴ Corr. *An?*

Ai[1] (tant) estat,
12 C'om m'en tenia[2] per fat.

II.   Esmendat
                       E donat
                       M'a amors ben e gie[n]t
                       Per c[h]el ren
                       Merces cen,
     18   Qu'eu aiso ai proat
                       Che feunia
                       Es foudat(a)ges,
                       Bon usages
                       Qui merceia ;
                       C'ab merce
     24 Conqier drut, si nos recre.

III.   C'amor ve
                       E sap be
                       Quill es verais o fals ;
                       Er corals
                       Fins lials
     30   Amic a cui conve,
                       Dals qu'enseiha[3]
                       Sos paragies.
                       Dre(cc)tç viages,
                       En[4] q'esteia,
                       Lo conduc[5]
     36 De fina amor c[h]'es ab lui.

VI.   Tant d'autrui
                       Gioi non fui
                       Enveios[6] c[h]'eran[7] quges
                       Nim penses
                       C[h]e giam des
     42   Amors[8] so qu'er m'adui;
                       E m'en plega

---

[1] Ms. *Ar*. — [2] Ms. *tegna*. — [3] Corr. *Cals que seia?* — [4] Corr. *On?* — [5] Corr. *condui?* — [6] Ms. *envieos*. — [7] Corr. *chem?* — [8] Ms. *amois*.

Segnoragies
El mesagies
C[h]em autrea,
Qe conc[h]is
48 Ai tal guoi, cor, don tu ris.

V.   Mos Estuis
Volgra vis
Lo gasardon qem fai
Amors sai,
C[h]em ten gai,
54 E mo Linhaures[1] fi(n)s,
Qu'er nom creiha
Nuls damagie
El ric gages
Crei c[h]em deia,
El gien dos,
60 Esser saubutç pels dos[2].

Ma cansos[3]
An vais vos,
Amia, lai on etç,
P[e]l ric pretç
Que[4] avetç,
66 Esc[h]ers grant del[s] gelos,
A cui greiha
Vasalages
El legagies[5]
Lur far deiha
C[h]e nom par
72 Ai bon[6] pro en lur gardar.

Hon que sia
Mos estages,

---

[1] *Linhaure* était le surnom que G. Faidit, d'après sa biographie, donnait à
Raimon d'Agout. Mais je ne sais quel personnage se cache sous l'*Estuis* (corr.
Estris ?) du v. 49.

[2] Manque une syllabe. Corr. *per els?* — [3] Ms. *canson*. — [4] Ms. *Qui*. —
[5] Corr. *lengages?* — [6] Corr. *Ai'om?*

Le coragies
La[1] sopleia
Ab cor clar
78   Vas n'Agout que non a par
D'acabar
So c'a preis[2] s'escai a far.

---

[1] = *lai.* — [2] Corr. *pretz.*

IV

POÉSIES INÉDITES

DE BONIFACE DE CASTELLANE [1]

I

(Ms. 12474 de la B. N., f⁰ 245 r⁰)

BONIFACI DE CASTELLANA

I.   Era pueis yverns es el fil,
       Que d'aigas glason mais de mil,
       Ai cor de far un sirventes ;
4   E s'ieu i met negun mot vil,
       No m'en chal, qar dels malapres
       Baros q'ieu trueb ples de no fes
7   Chantarai, que Dieus los acor.

II.   D'els e de lur fach hai malcor,
       Qar eilh non han valor ni cor,
       E trueb los vas prez trop estrils [2].
11   Mal resenblan al pro n'Ector,
       Per q'eu volgra ausir sos qils,
       Q'om lur tolges entro als fils
14   Ço pauc qe lur es remansut.

III.   Lo rei engles cug q'al sanglut,
       Qar tan lo ve hom estar mut
       De demandar sas eretatz,
18   Et mentrestant ha'n tan perdut
       Degra si menar daus totz latz

---

[1] Raynouard (*Choix*, V, 108-110) a publié des fragments des deux pièces qu'on donne ici en entier. — [2] ?? Subst. verbal de *estrilhar*, pris métaphoriquement?

Coredors e cavals armatz,
21 Tro cobres sas possessios.

IV.   El flacs reis cui es Aragos
Fa tot l'an plach a mangasos[1],
E forailh plus bel, so m'es vis,
25 Qe demandes, am sos baros,
Son paire, q'era pros e fis,
Qi fon mortz entre sos vesis,
28 Tro fos dos tantz aqitiat.

V.   E li fals clerge renegat
Cuidan de[se]retar Colrat,
Per donar a lor bastardos,
32 E tenon l'emperi vacat[2]
Ab las lur malvas[as] lesos,
Don cujan reinhar entre nos;
35 Mas san Pier' han trop irascut.

VI.   De mon seinhor, si Dieus m'ajut,
Se no creses conseilh menut,
Sai q'el fora adrech e bos,
39 E plagran li brant e escut,
Elms e ausbergs e garnisos,
E fora ben dreitz e rasos,
42 Q'en aissis tainh d'enamorat.

VII.   Arbalestier be aresat
E cavalier, qan van rengat,
Mi plason trop mais qe libel,
46 E ja nom trobares la[s]sat
Q'ieu non fas' as[s]aut e cenbel
E non abraz sout son mantel
49 Donna ab gras cors e delgat.

VIII.   Mauret, unam det son anel,
De q'ieus trobei trop aïrat;
Tramet a vos e an Sordell
53 Mon sirventes q'ei acabat.

[1] Corr. *mains garsos?* — [2] Cf. Ci-après la pièce IV de Bertran de Lamanon.

II

(Ms. 856 de la B. N., f⁰ 381)

BONIFASSI DE CASTELLANA

I. Sitot non es fort gaya la sazos,
Un sirventes faray ab digz cozens,
En cui diray, contra totz recrezens,
4 Als Proensals, paubres e cossiros,
  Que non lur laysson braya
Esti frances, a l'avol gen savaya,
Ans los tenon tant en menhs de non re,
8 E ges per tant non lur clamon merce.

II. Alqus tolon de lur possessios,
E ges per so non es francx lur argens,
Els tramet hom cavaliers e sirvens,
12 Cum si eron trotiers o vils cussos,
  En la tot [1] dreg ves Blaya,
E non lur cal si n'an mort o n'an playa,
Ab qu'els aion de quasqun so que te.
16 Ara veiatz quo van a bona fe.

III. De trahidors, de fals e de glotos
Si son partitz de mi ab lurs fals gens,
E non o planc, q'ieu non valray ja mens,
20 E atendray, qu'enquar ay fortz maizos,
  E ay ma gent veraya,
Els trahidors van s'en, Dieus los deschaya!
E no m'en cal sil grans poders ve [2].
24 Aital faran al comte quon a me.

IV. L'avangelis ditz aquesta[s] razos,
Que qui auci murir deu eyssamens,
E sil coms es d'avol balay sofrens,
28 Alcunas vetz trobaran ocayzos.

[1] Raynouard a lu *tor*. — [2] Corr. *Si g. p. lor ve?*

E conquis plus gent Blaya
Lo pros Carles, que noy ac pres de playa,
De Balba, Res e Blieu, que si mante [1],
32   E Acre [2] non [3] conquis trop miels, so cre.

V.   S'ieu m'encontre un jorn ab sos bailos,
Quem guerreyo, yeu los faray dolens ;
Tant hi ferray que mos brans n'er sanglens,
36   E ma lansa n'er per un pauc tronchos ;
E qui per els s'esmaya,
Ni a son tort ad els fugir s'asaya,
S'ieu no l'aussisc, jamais non jassa be
40   Ab ma dompna, qu'am mais que nulha re.

VI.   Lo dous dezirs m'apaya
Q'ieu ai de lieys, e ja Dieus cor no m'aya,
Mauri, s'ieu may non l'am que nulha re ;
Et ay eu dreg, qu'ilh fa aital de me.

---

[1] Le poëte semble opposer ici Charlemagne à Charles d'Anjou. Si mon hypo-
thèse est fondée, il faut joindre ce passage aux autres allusions faites par les
troubadours à l'épopée carlovingienne. Il a dû exister une chanson de geste,
aujourd'hui perdue, de la conquête de la Guyenne par Charlemagne. Cf. le
Roland, v. 2325, et la version saintongeaise interpolée du Pseudo-Turpin
(*Zeitschrift*, I, 287), où est racontée au long la prise de Blaye. La phrase est
d'ailleurs obscure et embarrassée; mais le sens paraît être celui-ci : « Charle-
magne ¿ conquit plus vaillamment Blaye que le comte de Provence, — car il
(ou qui) n'y a reçu aucun coup,— ne conquit Balba, Riez et Blieux. Je suppose
que Balba est le nom d'un château de la maison des Balbs, sur laquelle voy.
Nostredame, *Hist. de Provence*, p. 267.

[2] On ne voit pas ce que vient faire ici Acre. Corr. *Arle*? Cf. Nostredame,
ibid., p. 213 et suiv.

[3] Ms. *mon*.

V

POÉSIES INÉDITES

DE BERTRAN DE LAMANON

—

I

(Ms. 2814 de la bibl. Ricardi, p. 238)

EN BERTRAN DE LAMANNO

I. Una chanzon dimeia ai talan
    Q'ieu la fassa ab gai sonet cortes,
    E ges d'aitant no me for' entremes,
    Mas forza m'en amors e .m'o enanza
    Per la bella q'es tant pros e valens
    Q'eu non l'aus dir com m'auci ab turmenz;
7   Per qil dirai chantan ma malananza.

II. Lo primer jorn q'ieu vi son cors prezan,
    Anz qem partis[1] denantz[2] leis m'ac conques
    Sa granz beutatz e si lazat e pres
    C'anc pois non saup que si fos benananza;
    Tant sui destreitz d'angoissos pensamenz,
    Car nom mi val merces ni chauzimenz,
14 Et ja totz jornz dobla ma deziranza.

III. Mas can remir son bel cors ben istan,
     Nom meravill s'en grant error m'a mes,
     Car sa beutatz es[3] . . . .
     E sos fiz pretz e sa gaia coindanza,
     Al sieu lauzar non sui eu pro sabenz;

---

[1] Ms. *partitz*. — [2] Lire *d'enantz?* — [3] Peut-être la lacune est-elle entre *beutatz* et *es*.

Mas aitals es c'obs noi ha mais ni me(e)nz,
21 Con hom[1] pot meils fazonar per semblanza.

IV. Al sieu ric pretz no sui eu pro valentz,
Mas sim[2] valgues per amar coralmenz
24 Ben istera (?)[3] egal en la balanza.

V. Del comte sai mo segnor ver[a]menz
Qe chi fara[4] el chantz non valra meintz
28 E per mo mal o[5] chantara en danza.

II

(Ibid., p. 239)

EN BERTRAN DE LAMANNO

I. De la ssal de Proenzam doill
Car al meu port non passa re(n),
E car noi prenc zo que [eu] soill
4 Fort m'enueia, cascus o cre.
Mais segners faill quel[s] seu[s] descor,
E qant pot ben aver lur[6] cor
E bon amor de tot son cumunal,
8 Que(l) nuls[7] trazaurs a senor tan no val.

II. La sal an mes a tan gran for
Per q'eu tem fort e tem ancor
Quel proverbis qu'es tan[8] diz torn en mal :
12 Condugz ab carn totz es perdutz per[9] sal.

III. Qi aital ortolan acueil
Paor deu aver per ma fe,
Que noil faria mal en l'oill
16 Ren qel ait[10] de ben entorn se ;
Mas cre qu'el o fai per demor,

---

[1] Corr. *C'om non?* — [2] Ms. *som.* — [3] Ms. *iftera.*
[4] Corr. *si fara?* — [5] Corr. *per m'amo[r] lo?*
[6] Ms. *lux.* — [7] Ms. *mils.* — [8] Corr. *ques hom?* — [9] Corr. *sens?* — [10] Corr. *q'aia?*

Car taliet cen nauz part son tezor[1],
E nous cuides qu'el o fassa per mal,
20   Car a totz part son aver per egal.

IV.   En Bonafaci[2] a ric cor
E non es ges cassatz el cor[3],
Qu'el don 'als seus e los garda de mal
24   Per que li son trastuit bon e lial.

V.   Sel[4] ques a comparatz a troill[5]
Nos tenon sai estret lo fre
E nos tenon lo cap el soil,
28   E noi trobam nulla merce;
Mas non es senblanz ges encor[6],
Qe getes sos enemics for
De sa terra, on li fazion mal,
32   Els francs baros degran far altretal.

VI.   De la sal non an ges per lor[7],
Anz li son tuit li autre for,
Que non n'an trait ensems un plen grazal,
36   Don proverbis e pesatges pauc val.

VII.   Qui mal semena mal coill[8]
E qi mal penza mals li ve,
E qi mal mi fai mal li voill
40   E prec Dieu[9] que de mal l'estre;
Don d'aisso malogren[10] demor,
E n'ai gran plazer e mon cor,

---

[1] Vers trop long. Corr. ? — «part». Corr. per? — [2] Sans doute Boniface de Castellane, le troubadour. — [3] Cor, trompe de chasse? Ou corr. tor? — [4] Les angevins ? — [5] Allusion à une pièce perdue de Boniface de Castellane? Cette comparaison des officiers de Charles d'Anjou à un pressoir ne se rencontre dans aucune de celles qui nous restent de ce troubadour. — [6] Veut-il dire que Boniface ne ressemble plus à ce qu'il fut autrefois? Faut-il lire en cor, ou encor (= encore), en corrigeant semblant (neutre)? getes du vers suivant doit-il être corrigé getet? — [7] Il faudrait un o ouvert, ce qui exclut lor (= illorum). Doit-on lire l'or (le bord, l'extrémité) ? Mais le sens? Peut-être per or (aurum.) — [8] Manque une syllabe. Suppl. cel devant qui ou après semena? — [9] Ms. don. — [10] Corr. mal e greu?

Qe drus non gic a venjar ben ni mal,
44 Per qu'en seran tuit venje tal e tal.

VIII.   Flacs baros[1], vos[2] eus metes for
Descoratz, e noi ontasses cor[3],
E membre vos del cor [e] de la sal,
48 Si non jamais non seretz proenzal.

<h2 style="text-align:center">III</h2>

(Ms. 3207 de la bibl. du Vatican, f° 43 a[4])

BERTRAM D'ALAMANO

I.   Nuls hom non deu eser meraveylaz
S'eu non sui gai ni zant[5] alegramen,
Car Deu eseig[6] a cui me sui donaz
M'an trait de joi e mis en pensamen ;
5   E car mi te in desesperamen,
E Deus, car es trop mis in sa 'speransa,
E pois ambdos me dona[n] malenansa,
Ben a gran tort s'om zamais mi repren
9   S'en perd mon zan, pois ai perdut mon sen.

II.   S[i] anc a Deu pric[7] d'ome pietaz,
Per mer[cel prec] qu'il m'ai 'in zausimen,

---

[1] Cf. Ces vers d'un autre sirventés du même auteur (*Qui que s'esmai*):

    Aitals flacs fraitz baros tafurs
    Ha en Provenza cui faill cors,
    Mens valens qe judeus ni mors
    Desai la mar ni lai part Surs.

[2] Ms. *viz*. — [3] Ce vers a une syllabe de trop. Je ne vois pas le moyen de le remettre sur ses pieds. Faut-il lire *enoi, onta, ses*...? Mais il serait toujours trop long. On pourrait penser à *que nois* (= *no's* = *no es*) *hom ses cor*.

[4] Copie due à l'obligeance de M. Cesare de Lollis. Nous voyons par cette pièce que la dame aimée dans ce temps-là par Bertran de Lamanon s'était faite « béguine » ; c'était par conséquent une des compagnes de sainte Douceline. — [5] Pour *chant*. On a encore *z* pour *ch* (ou *j*) aux vers 8, 9, 11, 15, 16, 17, 19, 25 — [6] Corr. *e cilh*? — [7] Corr. *pres*?

Em rendal joi dun sui per el(s) raubaz,
Car el meteus diz c'om a salvamen
14　Non pot venir, se so que tol no ren ;
E pois il ten de tot zen la balansa,
Tornar mi de[u] per dreiz en benenansa.
Se non (n)o fai, son diz mezeis desmen,
18　Don na[i]sera gran eror illa[1] jen.

III.　Estat avem conpagnon lonzamen,
Amic Sordel, de joi e d'alegransa,
Mas ar m'a Deus mis en tan gran cransa
Qes conpaygna tens qem[2] partran breumen,
23　Si'n breu lo joi qe Deus m'a tolt nom ren.

IV.　Beguinages, e Deu, car l'o consen,
25　An faiz em fai[3] peiz de mort per un cen.

IV

(Ms. 15211[4] de la B. N. fo 219 vo)

BELTRANS D'ALAMANO

I.　D'un sirventes mi ven gran voluntatç,
C[h]el fas' ausir a tutç cominalmen(tç),
E qu'ieu dirai de las grantç poestatç,
De cells ques an de l'enperi conten,
5　C'al mieu se[m]blan il regno folamen,
El papa [ma]l, car los ten e balansa;
Bem meravegll car igll an esperansa
Ques a nengun en fas' autregiamen,
9　Puois ch' el a d'els renda d'aur e d'argien.

II.　Al papa val l'enperi el regnatç,

---

[1] Pour *en la*.
[2] Corr. *Quel c. tem quens parta 'n?*
[3] Corr. *fan;* ou mieux, peut-être, *Am* au commencement du vers.
[4] Voir la note 2 de la p. 27 ci-dessus. — Raynouard a publié des fragments de cette pièce (*Choix*, V, 72).

Mais c[h]e se'era tut sieu domenjamen,
Car[1] plus monta l'avers c[h]'es presentatç
Per ac[h]est plai a lui e a sa gen
14 C[h]e li renda c'uns[2] e[m]peraires pren ;
Et puois d'aver n'aten gran aondansa,
No mi sembla c[h]e gai[3] met' acordansa,
C[h]es ell[4] non a en altr' enten[5],
18 Per c[h]e lo monç n'es tut e turbamen.

III.   Ja aicest platz non er sentenziatz ;
Puois que li rei volon abreujamen,
Ab cavaliers et ab cavals armatz
Et ab vasal bon de conquerimen
23 Vegna cascus apoder[ad]amen,
Et en un camp fasan un' aital dansa
C'al departir gazagne l'uns l'onransa ;
Puois decretals noi noseran nien,
27 Puois troberan lo papa ben disen.

IV.   Aicelh sera fil de Dieu apelatz
C[h]e aura fait al camp lo vensimen,
Pe[r] los clergues [s]er[a] leu coronatz,
Car il veiran c'auran[6] l'afortimen.
32 Adon sera tut a son mandamen,
Car ades an clergues aital uzansa
Que quan trobon pairo de gran puissansa,
Tut cant il vol fan ben et umilmen,
36 E puois son dan, quan veison que deisen.

V.   E si al[s] reis so c[h]'ieu lur dic non plas,
Als podon far, c[h]es er miels per un sen,
C[h]e [o]utra mar se per[t] crestiandas[7],
E si pason apoderadamen,
41 Remanra tot so de c'om[8] los repren,
E autresi pases lo rei de Fransa,
E l'aut primce(s) ses longia demoransa,

---

[1] Ms. *Cor.* — [2] Ms. *cons.* — [3] Pour *jai (jam ibi)*. — [4] Ms. *çll.* — [5] Vers trop court. Suppléez *son cor* ou *sa pensa* après *a*? ou corr. *en alre son enten?* — [6] = *aura ne.* — [7] Ms. *crestandias.* — [8] Ms. *cam.*

El reis Gaumes [1] qu'a l'astre d'ardimen [2]
45 Dels [S]erasis, mescresens d'autra gen.

VI.   Assas ai dic a cascun, si m'enten,
Dels autz primces, e ai ferma speransa
C[h]e s' il pasan ses longia demoransa,
Cristiandat garderan d'aunimen,
50 Gaçainhan Dieu, e pres e salvamen.

VII.   Reis Castelans, car sob[ei]ranamen
Est sobeirans [3] de fin pre(i)s e d'onransa
Donas vos suoign, segnor, qu'ieu ai dutança
C[h]e vostre pres non prena mermamen,
55 E faitç, segner, c[h]el tengas autamen.

VIII. Dell papa sai c[h]e dara largamen
Pron del perdon et pauc de son argen,
E s'outra mar non fan seccors breumen,
59 Li terras pert ses tot revenimen.

---

[1] Pour *Jaumes* (Jacme 1er d'Aragon). — [2] *lardimen.* — [3] Ms. *soiberans.*

VI

CHANSON INÉDITE DE PEIROL

———

(Ms. 2814 de la bibl. Riccardi, p. 178)

EN PEIROLS

I.   Ben [1] no val hom joves que nos perjura
Per salvar plus cant er tuel [2] sagramen;
E s'ieu per mal ni per paor de ve(i)n,
Covenc a Dieu qu'eu non chantes aora [3],
    Pos nostre temps si meillura,
    Trobarai que fort ei [4] mespres,
7   E perdon me Dieu s'ai mespres.

II.   En respeig son d'aver bona ventura,
Car ades ai mal trag e mon joven;
Mais anc nom plac sojornz entr' avol gen,
Per c'ai maint jorn e mainta noit escura
    Suffert et chautz e freidura,
    Qem loingnes de vilas pajes,
    E per segre (com) pros e cortes.

III.   Jamais nuls hom non faria rancura
De mercadiers, so sai certanamen,
    Se vezion con gazaignon l'argen
    Ni cos meton en mar ad aventura.
    De tot me sui donatz cura,
    Can an lor temps e non l'an ges,
21   Tot m'o t(i)eng a sojorn de pres.

IV.   Anc la bella ben faita per centura
Non desirei mais c'ara per un cent

---

[1] Corr. *Ren?* — [2] Corr. *el tuel* (= *tol*)? — [3] Rime fausse. Corr.? —
[4] Pour *es?*

Non dezir mais e garbin e ponent,
Et autres venz, can si fan per mesura,
Et net port a gran largura,
C'om conosca can son[1] temps es,
28   En Blachas non sap jes que s'es.

V.   S'anc baordei ni anei d'ambladura,
Per caval pren vostra nau can cor gent,
E per escut[2] la grant vela al vent,
E per lanza l'antenna fort e dura,
Per esperon l'arsiura[3],
Els timos prenc per fres
35   Et per sella e per arnes.

[1] Corr. *bon?* — [2] Ms. *estut.* — [3] Corr. *amura?*

VII

CHANSON INÉDITE

D'AIMERIC DE BELENOI

———

I

(Ms. 2814 de la bibl. Riccardi, p. 236)

I.
    Domna, flor
    D'amor [1],
    Domna senz vilania,
    Resplandor
    E color
6   De tota cortezia,
    Vostr' amor
    Fai socor
    A(i) cel q'en vos se(n) fia,
    Tal que plor
    Ne dolor
12   Non sen, Verges Maria,
    Car de vos pres char humana
    Jesu Christ, qi lav' e sana
    Totz vostres amics de mal,
16   Per confession leial.

II.
    Qui [2] jornal
    A gen [3] tal,
    Benedeita gloriosa [4],
    Q'a nadal

---

[1] Vers trop court : suppléez *Qu'etz* au commencement ?

[2] Lecture douteuse. — [3] Corr. *Agues* (pour *Aguetz*)? ou seulement *Ac*? *Qui* du vers précédent serait, dans ce cas, interrogatif.— [4] Prononcez *rio* en une syllabe; ou corr. *Beneita*?

Fos engal
Maire, filha, esposa ;
De reial
Cort captal
Dona [1] poderoza,
Un logal
Mi faitz sal,
Misericordiosa,
Q'enois m'es d'aquesta vida,
Car noi trop, tant es marrida,
Cort ni domna ni segnior
Senz trebail ni senz dolor.

III.

Qui honor
Vol d'amor
En vos, Domna, entenda,
Qe d'aillor
Ne ven [2] plor
Tot joi qe hom n'atenda ,
Eil meillor
Fan folor,
Cuidon [3] qe miels lur prenda,
C'ab [4] sabor
Dan [5] major,
E pert cascus sa renda.
Mas la vostra amistanza
Dona joi e alegranza,
E tol ir' e pensamen,
E fai de paubre manen.

IV.

Ben i pren
Qi enten
En vo(u)s, dousa [6] reina,
C'ab jauzen
Pensamen

---

[1] Ms. *done.* Suppl. *qu'etz?* — [2] Corr. *Deven?* — [3] Corr. *cuidan?* — [4] Corr. *Can?* — [5] Corr. *N'an?* — [6] Ms. *douse.*

Son dezirer afina.
　　Cor e sen
　　E talen
Mi donatz, e aizina,
　　Que viven
　　Peneden
Ab vera disciplina,
Dona, mos pechatz finisca
De tal guiza e delisca
C'al jorn derrer mi jugatz [1]
Ab aicels c'auran ben fait(z).

V.　　Seignier, en vos non perisca
　　Vostre prez e non delisca,
　　Qe, cant la mortz eis d'agait,
　　Tuit li cuidar son desfait.

[1] Corr.? *jugatz* est impossible, pour la syntaxe comme pour la rime.

VIII

CHANSON ANONYME INÉDITE

(Ms. 856 de la B. N., f⁰ 386)

I.   Be volgra, s'a Dieu plagues,
          Totz los mals qu'ai faitz desfar,
          Els bes que non ai faitz far.
          Ay! E cum fora ben pres,
5   Sil bes fos mals el mals (fos) bes.
          Adoncx nom calgra doptar,
          Quar tant fora lo bes grans
          Que pars for' ab un dels sans.
          Ara no say cum s'anara de me,
10   Tan son li mal gran e petit [li] be.

II.   Tant mi sent vas Dieu mespres
          Qu'ieum cugiey desesperar,
          Mas veg que non o dey far,
          Quar magers es sa merces
15   Quel mieus grans peccatz non es.
          Aissom fai assegurar;
          Pero be volgra tres tans
          Viure e de jorns e d'ans
          A sa honor, per miels trobar merce,
20   Quar l'ay estat fals e de mala fe.

III.   Verai Jesu Crist, nous pes
          S'ieu de reus auzi preyar
          Merce, nom laissetz torbar
          Al diable, quem ten pres;
25   Mas s'ai fach qeus desplagues,
          Al cors o vendetz ben car;
          Lo cors qu'a faitz los engans

Suefra las penas els dans,
Al cors rendetz la pena quel cove,
30 Qu'elh a trahit vos, e l'arma, e se.

IV.   Be sai, si jam val merces,
Que merces sera ses par ;
Sol aissom deu esglayar,
Que ja res mai hoy agues,
35 Mas las senmanas el[s] mes
Els ans qu'ai laissatz passar,
Qu'anc no fuy de Dieu membrans;
Sol aisom deu esser dans,
Quar guazardo non a hom de non re ,
40 E quer l'a tort qui non a fach per que.

V.   Ben sai que tart mi suy pres
Vas vos, Dieus, merce preyar;
Mas vos mi dissetz, som par,
Que, qual que hora vengues,
45 Nom soanariatz ges,
E fora temps d'albergar.
Pero be volgra enans
Laissar mos fallimens grans,
Qu'en vostra cort non pot intrar, so cre,
50 Nulhs hom tecatz de nulha laia re.

VI.   Segles desleyals truans,
Fals ensenhaire d'enguans,
Qu'en tu non a nulhs hom honor ni be,
54 Pueys qu'ama Dieu, nil blan nil tem nil cre!

IX

DESCORT ANONYME INÉDIT[1]

(Ms. 844 de la B. N., f° 117)

I.   Bella donna cara,
On poc Dyeus trobar[2]
 Tant de beutat clara,
Quant vos formet sens par?
5   Qu'enans ni anquara
Non volc nul' autra far
 Am tan bella cara
Ni am tant bel esgar.
 E qui ben esgara
10 So que Dyeus volc mielz far,
 Mira vostra cara
El vostre bel cor car.
  Pla(n)sent donna cara,
Dousa sens tot amar,
15   Nous ama ben ara
Nulz oms ni o pot far.

II.   Pos am fin' amor m'acort
  Que am fort
 Plasent donna gaya,
20 Ben dey far plasent acort.
  Que descort
 Non tan[h] qu'ieu retraya ;
C'amors m'a mes a tal port

---

[1] Cette pièce est bien, pour la forme, un *descort ;* mais l'auteur remarque lui-même, vv. 20, 66, 73, qu'elle serait mieux appelée *acort.*

[2] Manque une syllabe, car il semble bien que ce vers doit en avoir six, comme tous les autres vers masculins du même couplet.

On deport
25   Mon cors, cor quem playa.
Ben tan(c)h de mon fin acort
L'onrat [1] port [2]
Quels aymans apaya.

III.   Pos li dous consire,
30   Quem solon ausire,
Tenon mon cor gay,
      Ay!
Ben dey motz eslire,
Per leys qu'ieu (en) desire ;
35   Qu'autr' amors nom play,
      May
Sos gay cors plasens,
      Gentz,
El syei bel semblan
40   Man,
Que res non n'es mentz
      Sentz,
Mi fan dir cantan
      Can
45   E cantars plasens,
      Gentz.
Sabes per qu'ieu can
      Tan?
Car fins entendentz
50   Dentz
Am e sens engan
      Blan,
E quar blan gausentz,
      Mentz
55   En prez mon afan
      Gran.

---

[1] Corr. *lo grat?*

[2] Ms. *port l'onrat port.* Je supprime le premier *port,* car il détruirait l'ordonnance du couplet, qui doit être composé de quatre groupes égaux de trois vers (7 + 3 + 5).

IV.   So qu'als autres fins aymantz
                     Es afantz
             Es a mi gautz e dousors,
60   Car amors
             Vol qu'ieu am, sens totz engantz,
                     Totz mos antz,
             Tal(s) que sobre las gensors
                     M'es ausors.
65   Amors, ben es mos acortz
                     Que « acortz »
             S'apel mos cantz totz tems mays,
             Entrels fins aymans verays,
             Cuy plas solaz e depors,
70   Que descortz
             Non deu far qui non s'irays;
                     Per qu'ieu lays
                         Descortz,
                     Per far acortz
75   Gays entrels gays.

X

DEUX RETROENSAS INÉDITES

I

G[UILHEM] EVESQUE, JOGLAR D'ALBI [1]

(B. N., ms. fr. 856, f⁰ 378 v⁰, col. 2)

I.   Valors e beutatz e dompney

         ....*ey* ......enans

         Del an..............*ey*.

         ....*ey* ....lans

    5   Don me........... .*ens*

         Belhs guays o...*ens* [2]

         ....*ens*

         ....am lieys on es....*ensa* [3].

         ....no vol [4] mi per *son amador,*

  10   *Las!* en trop aut loc *chauzi per amor.*

II.   E nos pes que..........*ey*

         Si tot m'en vey ......*ans*

         Quem tol lo ce.....aure abney

         El........*ey* ......*ans*

  15   Quem fai penar als greus turmens

         Lo cor em vens

         Be's dregz quel sia fis sufrens,

       E non a cor quem porte bevolensa

       Ni ylh no vol me per son amador.

  20   Las! en trop aut loc chauzi per amor !

---

[1] Les deux premiers couplets sont mutilés par suite de l'ablation d'une miniature. Les mots et les syllabes que nous suppléons sont imprimés en italiques. — Cette pièce est la seule qui nous reste de Guilhem Evesque, et nous ne savons rien de lui que ce que la rubrique nous en apprend. — [2] *Belhs guays rizens?* — [3] *on es m'entendensa?* — [4] *Mas quar no vol ?*

III.
        En haut loc chauzi a mon dan,
        Si merceyan   mi dons nom val,
        Car merce deu trobar preyan
        Tot fin aman   ab cor coral,
25   Cum yeu suy et ab grand doussor
        Senes error;
        Pus que Floris ab Blancaflor
  Suy eu amans de mi dons ses fallensa,
  Et ylh no vol mi per son amador.
30 Las! en trop haut loc chauzi per amor!

IV.
        Mas si al ondrat cors prezan
        Belh, ben estan   de mi no cal,
        Mala vi son guay cors prezan,
        Que puey semblan,   si Dieus mi sal,
35   Nom fes d'amar ni n'ac sabor,
        Don ay temor
        M'arma en sia en tristor,
  E volgra mais m'arma n'agues sufrensa;
  Que, quar no vol mi per son amador,
40 Las ! en trop aut loc chauzi per amor!

V.
        Amors mi pot enamorar
        Lo gent cors car   a plazent port
        De mi dons e leu acordar,
        Ses mal estar,   el dreg d'acort
45   Del fin joy d'amor quel vengues
        Totz sieus sosmes
        Mas juntas e m'agues merces,
  E si nom val, ma mort vey que l'agensa.
  Quar ilh non vol mi per son amador,
50 Las! en trop aut loc chauzi per amor.

II

JOHAN ESTEVE

Jean Estève est un troubadour du XIIIe siècle, de qui nous possédons onze pièces qui s'échelonnent de 1270 à 1289. M. Gabriel Azaïs les a toutes publiées dans ses *Troubadours de Béziers*, pp. 59-118, mais l'une d'elles incomplétement. C'est celle que nous donnons ici. Le premier couplet seul se lit dans le recueil de M. Azaïs, qui l'avait sans doute reproduit simplement d'après Raynouard.

Cette pièce porte dans le ms. le titre de *planh;* mais c'est, quant à la forme, une *retroensa,* chaque couplet étant terminé par un refrain de quatre vers.

(Ms. 856, f° 329 v°, col. 2)

PLANH QUE FES JOHAN ESTEVE L'AN M.CC. LXXX.IIII.

I.   Cossi moria
        Suy trebalhatz;
        No say quem dia
        Pus qu' enrabiatz,
5   Tan me laguia
        La mortaldatz
        Ques fetz lo dia
        De caritatz [1],
          Quar plors
10   Pejors
        No foron vistz,
          Dolors
          Majors
        Ni cors pus tristz;
15   Per qu'ieu suy dolens
        E mans d'autras gens;
        Dieus lur es guirens
        Cum als ignoscens.
        Verges Maria,
20   Si quo venc en vos,

        Pregatz lon pia
        Quels salve e nos.

II.   Mai non cre sia
        Le dans ploratz,
25   Nil tristicia
        Dels turmentatz.
        Qui quels vezia
        Marturiatz,
        Ab dol avia,
30   Dins sos pessatz,
          Tristors,
          Languors,
        Pus que marritz.
          Secors
35   Amors
        De Dieu er guitz
        D'elhs e mundamens
        De lurs fallimens
        E lai defendens

[1] Voy. Azaïs, p. 80.

40   Dels percussiens.
    Verges Maria, etc.

III.   Mort, ab bauzia
    Nos as raubatz,
    Qu'en aital guia
    N'ajas menatz,
45   Ses malautia
    Non cofessatz.
    Las! quin poiria
    Viure pagatz?
     Ranquors
50   Pejors
    Nos n'an feritz.
     Senhors,
     De cors,
    Grans et petitz,
55   Nos qu'em sai vivens,
    Preguem humilmens
    Rey dels elemens
    Qu'elh lur er gandens.
    Verges Maria, etc.

IV.   Selh que volria
60   Esser salvatz,
    Ab Dieu deuria
    Estar comtatz;
    Pueys no seria
    Per mort soptatz.
65   Mar autra via
    Tenols malvatz
     Trachors,
     Qu'errors
    An enriquitz.
70   Pavors

     Temors
    D'aquels raubitz
    Lur es dregz niens.
    Dieus n'er punimens
75   Als passatz suffrens
    Dous e paciens.
    Verges Maria,
    Si quo venc en vos, etc.

V.   Si bens envia
    Dieus temps torbatz,
    Mortz, dolentia,
80   De qu'em iratz,
    Petit embria;
    Ans malvestatz
    Mais multiplia
    De ves totz latz.
85   Menors
     Melhors
    Sai son aunitz;
     Honors
     Ricors
90   Vol hom; giquitz
    N'es dieus veramens
    E sos mandamens.
    Elh er salvamens
94   Als mortz soptamens.
    Verges Maria, etc.

VI.   Guillem qu'es valens
    De Lodeval mens
    Prec Dieu dels mortz pen
98   El Ray[1] eyssamens.
    Verges Maria,
    Si quo venc en vos, etc.

---

[1] *Senhal* de Jean Estève, désignant ici la sainte Vierge.

XI

CHANSON INÉDITE

DE PEIRE DEL VERN [1]

- - -

(Bibl. Nat., ms. fr. 22543, f° 97, col. 1)

P. DEL VERN

I.   Ab lial cor amoros,
     Dona, soi vas vos aclis,
     E soi vos enaisi fis
4   C'amar vos vuelh en perdos
     Mais que autra quem des so qu'ieu volria.
     E doncx, dona, per chauzimen vos sia
     Queus sapcha bo e m'en fassatz semblan,
8   Car ieu vos am lialmen ses enjan.

II.   El cor vey vostras faisos
     El dos esgar el bel ris,
     . . . . [2]
12   E non dezir, can pes de vos.
     Perol pessar nos ne part nuech ni dia,
     Ans es pus ferms on qu'ieu an ni m'estia,

[1] Je publie cette pièce fort insignifiante, la seule qu'on ait conservée de son auteur, sur lequel nous ne savons rien, à titre de complément de mon recueil des *Poésies inédites des troubadours du Périgord;* non pas que je puisse assurer que Peire del Vern était Périgourdin, — il aurait pu être Quercinois, comme je l'ai supposé ailleurs, — mais seulement parce que la localité dont il a tiré son surnom peut être identifiée, plus vraisemblablement qu'avec aucune autre, avec la petite ville de Vergt, arrondissement de Périgueux, dont le nom, défiguré par la graphie moderne, se montre, dans les documents du moyen âge, sous la forme *Vern* ou *Vernh* (*lo*) (lat. *Vernium*).

[2] Ce vers manque dans le ms.

E can me cuch de vos anar lunhan,

16   Ades m'estais, bona dona, denan.

III.   Per qu'ieu sai que poderos

No seria que jauzis

Lunh'autra ni quem partis

20   De vos qu'ieu am en perdos,

Con[1] mais ne vey d'autras vas on que sia;

Pero conosc e sai que fas folia;

Mas fin'amor non garda pro ni dan

24   Lai on be vol demostrar son talan.

IV.   Tant ai sofert talan rescos

C'amicx no m'es tan vezis,

Depus m'amor m'enqueris,

28   Qu'ieu ja pueys sos amicxs fos;

E sel l'afan; pero si joi n'avia,

Bona dona, tro mielhs lo selaria,

E soi selatz si donc savis d'aitan

32   Que qui nom pot valer, nom tenra dan.

V.   D'aitan serai ieu joios

Don' ab que dels huelhs vos vis,

E ja sol nous descobris

36   Mon lial cor temeros;

E ja [nul] temps pus, dona, nous querria,

C'als nom n'eschai; pero mais ne volria,

E si amors me autreyava tan,

40   Del sobrepus fos al vostre semblan.

---

[1] Corr. *Can,* ou *On?*

XII

PLAINTE DE LA SAINTE VIERGE

AU PIED DE LA CROIX[1]

———

(Archives de la Couronne d'Aragon, à Barcelone, ms. nᵒ 27 du fonds
de San Cugat del Valles, XIVᵉ siècle.)

I.   « De gran dolor cruzel ab mortal pena,
        De marrimen ab tristor descauzida,
        De plantz, de plors, lassa, trista, marrida,
  4 Suy el jorn(s) d'uy et de greus trebalhs plena.
        E! dols corals, quim destruy em desena,
        Em romp lo cor, dolent, marrit e trist,
        Lassa! per vos, mon car filh Jhesu Crist,
  8 Car sus la crotz vos vey dura mort pendre.

II.   » Ay, lassa! filhs, lo cor me cuja fendre,
        Vezen la greu passio dolorosa,
        Aspra, trista, cruzel, mortal, ontoza,
  12 Que vos sofritz, car enfre layros pendre
        Vostre cors vey, et trencar, e scuxendre,
        Les mas, los pes clavalhar sus la crotz,
        Si que totz etz cruxitz, cassatz et rotz,
  16 Que res no par entirs que sus vos sia.

III.   » Ay, lassa! filhs, degus homs no poria
        Pessar lo mal ne la pena deserta,

---

[1] Ce *planh* est publié ici d'après une copie de don Manuel de Bofarull, ar-
chiviste de la couronne d'Aragon, dont je dois la communication à M. de
Tourtoulon. Milá y Fontanals en avait déjà donné, d'après le même ms., les
cinq premiers couplets, dans une note de ses *Trovadores en España,* p. 467.
Depuis, M. Paul Meyer en a publié complétement (*Romania,* X, 224) un
autre texte, plus catalanisé, qu'il a trouvé dans un ms. du XVᵉ siècle de la
Bibliothèque Nationale (nᵒ 6652 du fonds latin).

Nel greu trebalh quel vostre cors soferta
20 Hab gran dolor, a tort, en aycest dia,
Don soptamen, lassa! morir volria,
Anans queus vis axi morir languen,
Car esgardan vostre divers turmen,
24 Lo sen me falh el cors me desempara.

IV.   » Filh Jhesu Crist, pus trista suy encara
On mays vos vey, desastrada, caytiva,
Car vostre sanch vas totes partz s'arriva,
28 Pels pes, pel cap, pels ulhs e per la cara,.
Car esta gent trista, cruzel, amara,
Vos an tan fort romput ab greus flagelhs
Que totz etz ples de blaveyrols cruzels,
32 Fers et mortals, dels pes sus en la testa.

V.   » E per far mays d'onta pus manifesta,
E per grevar miels la vostra persona,
Han vos sul cap mes un' aspra corona
36 D'espines greus, cruzels pus que tempesta,
Ta fort punyentz que nulha no ss'arresta
Tro dins el test layhins el pus pregon,
Si que lo sanch vos salh pel mig lo fron
40 Que per los ulhs vostres humils goteia.

VI.   » Don eras vey que [1] susor mortal freia,
De sanchs, d'escups la vostra cara tota
Coberta, filhs, e tan feramen rota
44 Que degus homs no vos conoix quius veia,
Car vostre vis, qui mas (et) pot ne peçeia,
Es heu nous puix socorrer n'ejudar,
Ne far plaser, nel vostre cors tocar,
48 Tant es la crotz nauta, lassa, dolenta!

VII.   » E can no puix venir a ma ententa,
Esgardan tench ploran la crotz a braça,
E vostre sanch dona me sus ma faça
52 E sus mos vulhs; don cove ques eu senta

---

[1] Corr. de, leçon du ms. de Paris.

Tot vostre mal el turmen quius turmenta,
.E vezen, filhs, quel vostre cors fenis,
Gladis cruzels per mig mon cor partis,
56 Per qu'eu vos'prech ques ensemps ab vos mora.

VIII. » Per la merce, car filhs, qu'en vos demora,
Haiatz pitatz de vostra mayre pura,
Que mor languen, remiran l'aspradura
60 De vostra mort sopta qui vos acora.
Filh Jhesu Crist, ges no vos puix defora
Mostrar lo mal, l'afan et l'aspre dol
Qu'eu pas per vos, car trista sus lo sol
64 Estau tot jorn mortalmen emblasmada. »

IX. Quant Jhesu Xrist vich tant fort turmentada
De gran dolor la sua mayre trista,
E mantes vetz que l'ach en terra vista
68 Caser del cor mortalment engoishada,
Soptamen dix: « Femna descosselhada,
Vet si Johan que prengues per filh teu. »
E depuix dix : « Johan, discipol meu,
72 Ma mayre prin, qu'eu vulh sia ta mayre. »

X. Quant Jhesus hac sa mayre comandada
A sent Johan, le coral amich sieu,
Ta soptament le veray filh de Dieu
76 Enclinal cap et l'arma ret al payre.

XIII

CHANSON INÉDITE

DE GUILHEM D'ANDUZE [1]

(B. N., ms. 1749, f⁰ 147 r⁰)

GUILEM D'ANDUZA

I.   Bem[2] ditz quem lais de chantar et d'amor,
Fol ditz que chant et en amor m'entenda,
Et ieu no sai vas qual d'amdos m'enprenda.
4 Pero joven sec ades la folor,
Per qu'ieu segrai, vueill' o no, la foldat,
Si com destreitz e forsatz per joven,
Quar ab folor cueill hom lo meillor sen.
8 Donx, si folei, nom deu esser blasmat.

II.   Qu'ieu sec mon cor col velal ven que cor,
Quel cor no vol que fas'autra fazenda
Mas sol d'amor, quem par esser esmenda
12 Dels tortz, dels dans, del mal, de la dolor
Qu'ieu ai per vos, pros dona, sufertat,
Pos anc vos vi, c'autra nuill joi nom ren,
E si merce ab vos non truep breumen,
16 Muer, e prec Dieu queus perdo lo pecat.

III.   Plus fon mon cor que neus per gran calor,
E plus que fuec m'es avis qu'escomprenda.
Sabetz per que? Dreitz e(s) razos entenda,
20 Per vos, c'avetz sobre totas valor,

---

[1] Il a été question de cette chanson et de son auteur ci-dessus, p. 17, à l'article GUIRAUT. Raynouard (*Choix*, V, 178) en a publié le 3⁰ couplet.
[2] Corr. *Sens ?*

Beutat e sen, ensenhamen e grat,
Qu'ieu cre, si vis votre cors grail' e gen,
Ypolite, que visquet castamen,
24 Fora Floris de cor enamorat.

IV. C'anc tal beutatz no fo mais ses amor,
Bem meravill com es que no s'eisenda
En vos amor, qu'es genser ses contenda
28 C'anc fos ni es, e son gualiador
Vas me mei hueill, e s'ill m'an galiat,
Ill prendon part en lur gualiamen,
Que tals trai qu'es traitz el traïmen.
32 Donx s'ill m'an trait, ill compron la foudat.

V. Mas ieu cre be aiatz beutat major
Que als hueils non par, e cor que no despenda
Sa gran beutat greu er que nos reprenda,
36 Quan faillira de sa fresca color ;
Donx no mostretz encontr' umelitat,
Sius platz, ergueill, quan [ieu] plus bas deisen.
Pero em patz sufrirai lo turmen,
40 Tro digon tug per sofrir l'ai jogat.

XIV

CHANSON INÉDITE[1]

DE RAIMON DE SALAS ET D'UNE DAME

(B. N., ms. 854, fo 108 ro)

Raimonz de Salas si fo us borges de Marseilla, e trobet cansos et albas e retroenzas. No fo mout conogutz ni mout prezatz.

[RAIMONZ]

I.   Sim fos grazitz mos chanz, eu m'esforcera
    E deram gaug e deporz e solatz ;
    Mas aissim sui a nonchaler gitatz
4   Que (a) ma dompna que a totz jornz esmera
    So que li dic non deingna en grat tener,
    Qu'a penas sai entrels pros romaner,
    Ni non sui ges cel que era antan,
8   Aissi me [t]uol mos[2] covinenz el[s] fran.

II.   Hailas! cum muor, quant mi membra cum era
    Gais e joves, alegres, envesatz ;
    E quant m'albir qu'eu[3] sui de joi loingnatz,
12   Per pauc mos cors del tot nos desespera.
    E donc mei oill cum la pogron vezer,
    Quar n'ai perdut d'els e de mi poder ?
    So m'an ill fatz[4] don mos cors vai ploran,
16   Qu'eu non posc far conort ni bel senblan.

III.   A! bella dompna[5] res, cum bem semblera
    Qe on que fos degues humilitatz

---

[1] Sauf les deux premiers couplets que Raynouard a publiés (*Choix*, V, 394). Cette pièce est, par le fait, la réunion de deux demi-chansons (*cansos demieias*, selon la terminologie de la poétique provençale), dont la seconde répond à la première sur le même rythme et les mêmes rimes. Cf. ci-dessus, p. 1 n. 4. — [2] Ms. *moz*. — [3] Corr. *cum?* Ms. *qu* avec un trait abréviatif sur le *q*. — [4] Pour *fach*. — [5] Corr. *doussa?*

Venir en vos, que tant humil semblatz,
20   Vers mi, que ja a mos jornz nos camjera!
Amors n'a tort queus fai dur cor aver;
E vos sabetz[1], quar l'en donaz poder,
Quar si amors et vos es[2] a mon dan,
24   Las! ges longuas non posc soffrir l'affan.

[LA DONA]

IV.   Bels douz amics, ja de mi nos clamera
Vostre bels cors cortes et enseingnatz,
Si saubesetz cals es ma voluntatz.
28   Vos es de cui sui mielz hoi que non era,
E non creatz queus meta e non caler,
Car gaug entier non puosc ses vos aver,
A cui m'autrei leialmen ses enjan
32   Eus lais mon cor en gatge, on qu'eu m'an.

V.   Mas una gens enoiosa e fera,
Cui gautz ni bes ni alegrers non platz,
Nos guerreian, don mos cors es iratz,
36   Quar per ren als senes [vos] non estera.
Pero[3] en mi avez tan de poder
C'ab vos venrai quant mil faretz saber,
Mal grat de cels qu'enqueron nostre dan,
40   E pesam fort quar ses vos estauc tan.

---

[1] Corr. *l'avetz?* — [2] Pour *etz.* Ms. *os.* — [3] Ms. *Per so.*

XV

PASTOURELLE INÉDITE [1]

DE GUILHEM D'HAUTPOUL

———

(B. N., ms. 856, fº 380 rº)

GUILLEM D'AUTPOLH

I.   L'autrier, a l'intrada d'abril,
Per la doussor del temps novelh,
Per gauch del termeni gentil,
M'anava sols per un pradelh.
5   En un deves, prop d'un cortil,
Trobey pastor' ab cors yrnel.
Vestida fon d'un nier sardil,
Ab capa grizeta ses pelh.
     Bella es e genta,
10   S'amors m'atalenta,
     Tantĝes covinenta,
     E fes un capelh
       De flor ab menta.
     De motos a trenta ;
15   Sola si contenta,
     Jost un arborelh.
     Ab si meteyssa dish : « Ay !
     Sola suy el temps s'en vay ;
     Lassa ! be planc ma joventa,
20   Quar non ay amic veray. »

---

[1] Sauf le premier couplet, publié par Raynouard, *Choix*, V, 179. — Les vers 25 et 61, où l'auteur est qualifié de jongleur, montrent qu'il n'y a pas lieu, très-probablement, contrairement à une conjecture que j'ai émise ailleurs (*Biographies des troubadours*, p. 150, n. 1), de le rattacher à la famille des seigneurs d'Hautpoul.

II.   Yeu que vi son gay cors barnil,
         Saludiey la, quar mi fon belh,
         Et elham respos tost e vil
         Cossi fos dona de castelh :
    25   « Joglar, vos qu'avetz sen sotil,
         Trobatz quius onre nius apelh[1];
         Anc pueys qu'amors perdet son fil,
         Pretz non ac valor ni capdelh;
             Ans s'espaventa
    30   Falsa gens manenta,
             S'om gays lor prezenta
             Solatz mi sembelh.
             Ben suy dolenta,
             S'anc n'estiey jauzenta,
    35   D'amor quem turmenta
             De jos mo sagelh.
         Ja de ben amar nom partray[2]
         Ni per tan nom layssaray
         Qu'en totz plazers non cossenta
    40   A mon amic, quan l'auray. »

III.   — « Na toza, pros et avinens
         Etz; e faitz de mi vostre drut,
         Qu'ieus seray leyals e temens
         E ja per mi non er sauput,
    45   E far vos ay nou[s] vestimen[s],
         Quant aja mon rossi vendut.
         E ja negu[s] vostre paren[s]
         No sabra don vos er vengut.
             Gans e sentura
    50   Per bon' aventura
             Vos port de mezura
             Ab frontal crocut,
             E sil temps dura,
             Auretz vestidura
    55   De bruneta escura,
             Mais, si Dieus m'ajut,

---

[1] Point d'interrogation après ce vers? — [2] Une syl. de trop; suppr. *ja?*

Autras joventas non port,
Mas d'aissous conort[1]
Que d'amic seretz segura. »
60   — « Senher, et yeu o vuelh fort!

IV.   » Joglar, grans es le servimen[s],
Qu'ieu(s) vey et ay ben conogut
Que s'ieu complis vostres talens,
Ja nous agra demiey perdut,
65   E si tot s'es l'aculhimen[s]
Belhs nius ay gay solatz tengut,
S'ay marit, nom autreyal sen[s]
Qu'ieu jal fassa per vos cornut,
          Qu'ieu non ai cura
70   D'amic ses dreitura
          On peccatz s'atura,
          De mala vertut,
          Ans se melhura
          Mos faitz en dossura,
75   Nom fara fraitura
          L temps qu'ai despendut,
Que fraire Johans[2] ditz fort
Que delietz engenra mort.
Yeu sent mi casta e pura,
80   Per qu'en faria a Dieu tort. »

V   — « (Na) toza, si Dieus mi perdo,
Trop sabetz mais de Cato,
Qu'i[eu] no say plus greu fazenda
84   Que servir ses gazardo! »

VI.   — « Senher, be sabem quals so
Falsas promessas ses do,
Qu'ieu non ai cor queus don renda,
88   E faitz alhor vostre pro. »

---

[1] Vers trop court de deux syll. (*ieu be,* après *Mas* ?). — [2] Sans doute le frère Jean Olive. Cf. *Deux mss. prov. du XIVe s.,* p. 152, n. 1.

XVI

PASTOURELLE INÉDITE [1]

DE JOYOS DE TOULOUSE

(B. N., ms. 856, fo 369 v°)

JOYOS DE TOLOSA

I. L'autrier, el dous temps de pascor,
  En una ribeira,
 Aniey cercan novella flor,
  Cost' una cendieyra,
5 E per delieg de la verdor,
  E quar es entieyra
 Bona fes qu'ieu port a l'amor,
  A ma [2] vertadieyra,
 Sent[i] al cor una doussor,
10 Et, a la primeira
 Flor qu'ieu trobiey, torney en plor,
  Tro qu'en una ombreira
 Reviriey mos huelhs alhor [3],
  Et una bergeira
15 Lai vi ab fresca color [4],
  Blanca cum nevieyra,
  E son plus bel
  De nulh auzelh
  Siey huelh gentil
20   Humil,
   Que mil
   Qu'avil

---

[1] Sauf 26 vers, que Raynouard (*Choix*, V, 241) en a extrait. Cette pièce est la seule qui nous reste de son auteur, sur lequel on ne sait rien que ce qu'il nous apprend lui-même. — [2] Corr. *la?* — [3] Manque une syllabe (*ieu?*). — [4] Manque une syllabe.

Lan vezon mot en fil[1],
Et en la carrieyra
25   De ben amar
Ses mal estar,
E quil neys ve
Sap be
Desse
Que re
Nolh pot hom dir mas be,
32   Tant es plazentieyra.

II.   Et yeu quan vi son gay cors gen,
D'avinent estatge,
E sa fresca cara rizen
El(o) sieu clar vizatge,
37 Oblidiey tot mon pessamen,
Quar de gran paratge
Mi semblet al ben fait plazen
Cors de gran barnatge,
Et yeu mezeys suau e gen,
42   Qu'anc noy vuelc messatge,
Ves lieys m'en aniey humilmen ;
Et en la ferratge
Gardet tres anhels solamen ;
Et en mon coratge
47 Yeu maldis qui primeiramen
Baysset son linhatge :
« Toza, fi m'yeu,
A Domnidieu
Prec queus ampar
52   Eus gar
De far
Mal, quar
Vos fe de ben ses par,
Ab cors d'agradatge,
57   E de fallir
Vos gar, quar dir

Puesc ben de ver
          Que per
          Plazer
          Aver
     A selhs queus van vezer
64   Vos͏̃fe ses follatge. »

III.   Er aujatz avinen respos,
          Per fin cor sostraire,
     Quem fes ab semblant amoros :
          « Amicx, de bon aire
69   Mi semblatz e cortes e pros,
          Mas del vostr'afaire
     Sabrem ans queus lonhetz de nos
          Si etz fis amaire ;
     Mas primiers vuelh saber de vos,
74   Qu'aissius vey maltraire,
     Lo nom, et estar cossiros,
          Ni de qual repaire
     Vengues. » Et ieu dissi cochos :
          « Leu m'es per retraire :
79   De Tolza, et ai nom Joyos ;
          Nom reverta gaire,
          Quar nulh socors
          Nom ven d'amors,
          Ans muer aman,
84   Celan
               Mon dan,
               Lauzan
          Mi dons, e sofertan,
          Qu'ieu am ses cor vaire,
89   E ges nom pes
               Qu'elham degues
               Aucir, nim veg
               Naleg,
               Ans deg
               Per dreg
          Virar de son destreg
96   Mon cor et estraire. »

XVII

CHANSONS INÉDITES

DE CAVALIER LUNEL DE MONTECH[1]

I

(B. N., ms. 22543, f° 4 r°)

CHANSO DE LUY MESEYS[2] DE COMPARACIOS

I.   Si com lo jors mot clars e resplandens
Cominalmen platz may quel jorn plujos,
Tot en ayshi vostre cors gracios,
4 Dona gentils, platz mays a tropas gens
Que res del mon ; quar en vos resplandish
Fina beutatz, queus fay tan gracioza
Que totz aymans, vos miran, s'esjausish,
8 Don say que n'es manhta dona gilosa.

II.   Si com del ram, can n'ieysh la flor[s] holens,
E de la flor yesh frugz mot saboros,
Tot enayshi fis aymans pren de vos
12 Hodoran gaug, Dona, tant es plasens
Qu'en vos lauzor[s] e pretz e joys florish,
Don yesh honors e vida fructuoza,

---

[1] Var. *Moncog*. — J'ai montré ailleurs (*Origine des Jeux floraux*, t. X de l'*Hist. de Languedoc*, p. 184, n. 2, et p. 8 du tirage à part, n. 1) que ce poëte ne doit pas être différent de « mossen Cavayer de Lunel », qui était en 1355 l'un des mainteneurs du Gai Savoir. Les deux pièces publiées ici sont celles dont il est question dans la note précitée. A propos de la seconde, qui est en latin, je rappellerai qu'un autre poëte de l'école de Toulouse, le frère Raimon de Cornet, en composa aussi dans la même langue. Voy. *Deux mss. prov. du XIVe siècle*, publiés par J.-B. Noulet et C. Chabaneau, pp. 37 et 70.

[2] La pièce précédente, qui a été publiée par M. Bartsch, *Denkmaeler*, 131, a pour titre : *Vers de coblas esparsas d'en Cavalier de Moncog, doctor en leys*.

Per que sabers am deport s'espandish
16 Per tot lo mon, flors humials amoroza.

III.   Coms dins la mar esta l'aygua vivens
Que noy defalh, ni fec lhunas sazos,
Tot enaishi vostre cors es hondos
20 De gaugz, de joys, de sabers e de cens,
Quels fis aymans cascun jorn avantish,
Pros es humils, e lhun temps no s'espoza,
Ni per donar say ni lay no tarish,
24 Car de valor etz guaya mais hondoza.

IV.   Si com deu trop esser us homs dolens,
Can pecat sap, es esta for doptos,
E[1] deu parlar davan clercx autoros
28 De gran saber, ayshi fort soy temens
Es ay gran dol, per que mos cors marish,
Car dech preyar vos qu'etz tant poderoza;
Mas no se ges, que sabers me falhysh,
32 Car de gran cen veg ques etz trop autoza[2].

V.   Com del solhelh, qu'es mot clars e luzens,
Hem per sos rais enluminat sa jos,
E jes nol pot corrompre locx brumos,
36 Tot enayshi, Dona pros avinens,
Vostra beutat[z] los aymans esclarsish,
Don so joyos, menan vida pompoza;
Mas jes per so vostre pretz nos delish,
40 Can mal vos ditz l'avols gens envejoza.

VI.   Dona, tostemps am totz mos pessamens,
Cors avinens humil.................[3]
Vos hondraray coma fizels e bos,
44 E guardaray totz vostres mandamens,
Car en vos res lhun temps nos s'escursish,
Dona prezans, de far totz bes gilhoza,
Tant que la gens de far be s'afortish,

---

[1] Corr. *Si* ou *can?* — [2] Corr. *qu'etz trop autoroza?*
[3] La fin de ce vers est devenue illisible dans le ms.

48　Car ve de vos qu'etz tan meravilhoza.

VII.　　　Mos bels Cristalhs, lo meu cor s'adurmish
　　　　　De gran plaser, miran vos qu'etz audoza [1]...
　　　　　(Tant que la gens de far be s'afortish
　　　　　Car ve de vos qu'etz tan meravilhoza).

II

CANSO DE NOSTRA DONA DE LUY MESEYS FACHA
L'AN M. E CCC. E XXXVI. [2]

(B. N., ms. 22543, f° 141 v°)

I.　　　　Ho flors hodorifera,
　　　　　　Prestans cossolamen,
　　　　　Roza salutifera,
4　　　　　Dans magnum juvamen,
　　　　　Removens pestifera,
　　　　　Tu claude foramen
　　　　　Dantium(?) mortifera
8　　　　　Et eorum agmen.

II.　　　　Ho luna clarissima,
　　　　　　Prebens vie portum,
　　　　　(E)stella fuguatissima,
12　　　　　Timoratus ortum,
　　　　　Domina sanctissima,
　　　　　Infundas in ortum
　　　　　Nostrum, tu piissima
16　　　　　Tuorum consortum.

III.　　　Ho sol magni luminis,
　　　　　　Mundum fulgurantem,

---

[1] Ou *andoza?* Corr. *ondoza* (pour *aondoza*, comme au v. 24)? — Il manque probablement ici deux vers, auxquels le copiste a substitué les deux suivants, qui sont les derniers du sixième couplet, répétés par erreur.

[2] Cette pièce est immédiatement précédée dans le ms. d'une autre qui porte pour titre: « L'ensenhamen del guarso fach l'an de Nostre Senhe M CCCXX e VI, lo cal fec Cavalier Lunel de Monteg clerc », et qui a été publiée par M. Bartsch, p. 114 de ses *Denkmaeler der provenzalischer Literatur*.

[O] porta solaminis,
20   Et te deprecantem
Fac in unda fluminis
    Rectum adorantem,
Et tue dulcedinis
24   Reddas sasciantem.

IV.   Ho fons scicientium
    Maximi dulcoris,
Castrum fugiencium,
28   Mater Salvatoris,
Solamen timencium,
    Pons firmus amoris,
Da nobis solacium
32   In omnibus oris.

.V.   Ho mater Altissimi,
    Sponsa filialis,
Generis magnissimi
36   Ortusque reguallis,
Sint tui miserimi,
    Flos imperialis,
Boni(s) protectissimi
40   Ab omnibus malis.

VI.   Ho tu, mons salvificus,
    Nobilis regina,
[Et] lucens vivificus,
44   Fructuoza spina
Et liber autenticus,
    Humilis sarcina,
Sis nobis mellificus
48   Atque medicina.

VII.   Ho castrum leticie,
    Spes(?) desolatorum
. . . . [1] pudicicie,
52   Prebens viam morum,

---

[1] Mot illisible, de même que plusieurs autres plus loin, remplacés, comme ici, par des points.

Advocatricx gracie,
Mater orphanorum,
Da lumen justicie,
56   Amor(?) peccatorum.

VIII.   O virgua fructificans,
Habens ..... florem
.... magnificans
60   .... riguorem(?)
Consilium(?) clarificans
.... viguorem(?)
.... fructificans
64   .... dulcorem.

IX.   Ho clam aperiens
Januam regualem,
Et caste custodiens
68   Aulam virginallem,
Sis nobis prospiciens
Et da nobis talem
Mentem, extrahiciens
72   Affectum carnalem.

X.   Ho pulcra et pulcrior
Inter omnes natas,
Felix et felicior
76   Es inter beatas,
Sis nobis proclinior,
Ut reddas mundatas
Illi qui est celcior
80   Animas turbatas.

XI.   Ho flumen clarissimum,
Irrigans mundana,
Tumens cor fidelium
84   Ad spernendum vana,
Cor et mentem omnium
Pecatorum sana,
Ut quisque ad ultimum
88   Sit in via plana.

XII.   Ho virguo, flors humilis,
          Sancta, casta, pura,
          Alta, leta, nobilis,
92   Infirmorum cura,
          Nostra vita debilis
          In tua sit cura,
          Ut tu, res amabilis,
96   Sis nostra mensura.

XIII.   Ho manna mellifica,
          Dulce saciatrix,
          Puella deyfica,
100   Celis imperatrix,
          Pecata mortifica,
          Ros auxiliatrix,
          Et post nos vivifica,
104   Virguo dominatrix.

XIV.   Ho tu, magna domina,
          Cujus fuit fructus
          Mundo prebens lumina
108   Vere penedictus,
          Da nobis solamina,
          Ut reddatur victus
          Dans nobis gravamina
112   Hostis maledictus.

XV.   Ho magni concilii
          Virguo glorioza,
          Mater alti gaudii,
116   Multum fructuoza,
          Tu flors puri lilii,
          Benedicta toza (?),
          Nostri sis auxilii
120   Semper amoroza.

XVI.   Ho tu, prebens dulcia,
          Virginum lucerna(?),
          Magni regis solia
124   Regensque superna,

Nostra tolle vicia,
    Rosa sempiterna(?),
Et duc nos ad gaudia
128   Celorum eterna.
    Amen.

———

XVIII

COBLA INÉDITE

D'UN POÈTE DE L'ÉCOLE DE TOULOUSE

La pièce suivante, qui m'a été communiquée par M. Noulet, se trouve sur la dernière feuille de garde du ms. de l'Académie des Jeux floraux, connu sous le nom de *Registre de Gaillac,* et dont le contenu a été publié, moins cette pièce, dans les *Joyas del gay saber.* Voy. la préface de ce recueil, p. v.

Ces vers, à première vue, ont tout l'air d'un *exemple* extrait des *Leys d'amors,* où il y en a tant de pareils. Mais je les y ai vainement cherchés, tant dans l'édition de Gatien Arnould que dans l'autre rédaction, encore inédite, du même ouvrage. Il n'y est même pas fait mention de l'espèce de *cobla* ici désignée.

COBLA COMMINUTIVA [1] ET YSTRUCTIVA

L'autre jorn d'avant yer
Passet un mesatg[i]er
Davant un loc pauruc,
Apelat Montastuc ;
E cridec aqui fort,
En disen que la mort
A trames lo desfis
Per trastot lo pays.

Henquara s'es bantada
Que noy aura borgada,
Ni castel, ni ciutat,
Per be que sia murat,
Que son sen no y bongua
He per forsa nol prengua.

---

[1] Voy. Littré, sous *comminutif.*

He donc, senhor cortes,
Pusque forsa nos es,
Ni tant fort vos menassa,
Pregui vos cascus fassa
Lo siu castel garnir,
Guardar he perbesir,
Car lavetz no's pas hora,
Quant l'elh senestre plora,
El noy a guayt ni porta
Que la mort trobe forta.

XIX

FRAGMENTS

D'UN MANUSCRIT PROVENÇAL

Ces fragments sont malheureusement fort courts. Ils consistent en trois petits morceaux de parchemin, de 14 à 15 centim. de large sur 4 à 5 de haut, qui servaient d'onglets à de vieilles reliures. J'en dois la communication à M. Noulet, à qui son relieur les avait donnés. Le ms. dont ils proviennent était à deux colonnes, de 6 centim. de large, par page. L'écriture paraît du milieu du XIV⁰ siècle. Les feuillets découpés l'ayant été dans le sens de leur largeur, les lignes conservées se liraient à peu près toutes en entier, si, d'une part, le ciseau n'avait été dirigé un peu obliquemment, et que, de l'autre, la marge extérieure de l'un des morceaux de parchemin n'eût été un peu trop rognée.

Le fragment ou, pour mieux dire, les quatre fragments dont se compose ce dernier morceau appartiennent à un ouvrage en prose, dont il n'existe plus, à ma connaissance, de copie complète, et qui devait être une sorte de *Contemplation de la Croix,* composée probablement par un ecclésiastique, à la prière d'une personne pieuse, pour servir à celle-ci de guide et de conseil, dans ses méditations sur ce que nous appellerions aujourd'hui *le chemin de la croix.* Cf. le *Breviari d'amor,* vers 23985-24138. Cet ouvrage était-il une œuvre originale ou la traduction d'un texte latin? Je l'ignore; tout ce que je puis dire, c'est que j'ai feuilleté beaucoup de volumes à la recherche d'un pareil texte, et que ç'a été sans succès.

Nous possédons sur le même sujet deux poëmes provençaux, qui nous ont été conservés en entier, l'un d'un anonyme, intitulé *lo Romans de las hores de la Crot,* et que M. Paul Meyer a publié dans l'introduction de *Daurel et Beton,* p. cxj et suiv.; l'autre de Guilhem Molinier, intitulé *Contemplacio de la Crotz,* et qui est encore inédit[1]. Dans ce dernier, comme dans nos fragments, la « contemplation » commence à

---

[1] Voyez-en les rubriques dans mes *Extraits du ms. inédit des Leys d'amors,* p. 19 (*Hist. de Languedoc,* édit. Privat, t. X. p. 195.)

complies[1], tandis que,dans le premier, c'est au contraire à ce moment qu'elle finit.

Les fragments que nous offrent nos deux autres morceaux de parchemin appartiennent à un poëme en vers de huit syllabes, dont on possède quatre copies, et qui a été publié à Göteborg, en 1877, par M. Edström, d'après une de ces copies, qui est à Tours, sous le titre peu exact de *la Passion du Christ*[2]. Les chiffres qui figurent ci-après en marge de chacun de nos fragments sont ceux des vers correspondants de cette édition.

J'imprime en italiques les lettres que je crois pouvoir suppléer ; des points remplacent les autres lettres disparues.

I

CONTEMPLACIO DE LA CROTZ

Recto, 1ʳᵉ colonne

*s*enhor segon las [3]. . . . .
. . n. E quar ayso que tu desiras
*s*obre totas cauzas que pogueses
*t*ener[4] soen en ta memoria aquel
. . que per te rezemer volc may
. . grans cauzas suffrir. Al mihels
et al plus breu que ay pogut ab
*l*a sua aiuda tai escrih so que deuo
tamen auias demandat. Jasia ay
*s*o *no aia* faih tan compli

2ᵉ colonne

que aias . . . . par . a . . . .
com ti porteras se dauan tos uelhs
o sufrises car per cert enaisi sera
to senher presens a ton esperit cũ
tu pessaras enformaras en ton es

---

[1] De même dans le *Breviari d'Amor* (v. 24010).

[2] Les autres mss., tous trois à Paris, donnent chacun à ce poëme un titre différent: *Planctus beate Marie;*— *La Passio de Nostra Dona;*— *Lo romans de S. Augusti que apellha hom contemplatio.* Voy. le *Bulletin de la Société des anciens textes*, I, p. 61 et suiv. (article de M. Paul Meyer).

[3] Douteux; il ne reste que la moitié inférieure des trois lettres.— [4] Ou *auer?*

perit que presen te sia e recebra ton
desier et aura en plazer totas tas
obras completa [1].

A [2] completa comensaras que es
dicha [3] per aquo completa car

Verso, 1re colonne

.... que
ieu me parca de tu que aparelhada
soy a segre tu et a mort et a uida.
Apres pessa en cant gran engoy
sa era quant dis als dissipols sezes
aisi e uelhas am mi. & apres cum
los reuelhaua cant lor dis uelhas
& oras que no intret en tempta
tio. Car ja sia aiso que lesperitz sia
aparelhatz la carns et [4] eferma. E

2° colonne

or. E dihs lor. que queres. se mi *que*
res laysas anar aquestz tost. E *can*
paciëmen dihs a judas amic *per que*
iest uengutz. e cals suaueza e*ra*
la sua que a son trachor non desu*ed*
et sa boca. Cossirar potz cant fo *la*
dolors quelhs sieus dissipol que *ac*
tan deuotz tan amatz e tan car *ten*
gutz agro can................. [5]

II

PASSIO DE NOSTRA DONA

Les deux morceaux de parchemin (je les désigne par *A* et par *B*)
ont été découpés dans le même feuillet, mais à quelque intervalle l'un

---

[1] *Sic;* mais *completa,* bien que rien ne le sépare du mot précédent, et qu'il
soit écrit du même caractère et de la même encre, est, en réalité, la rubrique
de ce qui suit. — [2] Lettre ornée, en rouge. — [3] On distingue l'extrémité supé-
rieure de *cha.* — [4] *Sic,* pour *es.* — [5] Peut-être *uiro* après *can.*

de l'autre, et ils ne l'ont été ni en tête ni au bas. De là absence com-
plète de continuité entre les huit fragments qu'ils nous ont conservés.

1er *fragment (A ro, 1re c.)*

v. 212   E plori men de gran dolor
Ni dol ni plor no puesc auer
Ni nulh temps negu desplazer
Tu ab lagremas escriuras
Tot so que de me auziras
Que ieu ui e senti dolor
Ab planh ab sospir et ab plor
Dōna [1] plorar desiri tan
Que res mai............

2e *fragment (B ro, 1re c.)*

v. 229   .....ras en iherusalem
Cant tos filhs per cui tuh uiuem
Fo pres lhiatz e tirossatz
E dauant anna prezentatz.
Ieu [2] era cant fo tot faih
E cant auzi aita mal plaih
Marrida plena de dolor
Aniei ploran al meo senhor
E can ieu laigui regardat
E uist estrechamen.....

3e *fragment (A ro, 2e c.)*

v. 247   Et ero am mi mas serors
Que uezio las greus dolors
E dōnas autras atressi
Que plorauo essems am me
Mon car filh plazen amoros
Cascuna cū si sos filhs fos
Aqui era la magdalena

---

[1] L'initiale de ce mot est une majuscule en rouge.
[2] Initiale peinte (en bleu) et ornée.

4ᵉ *fragment (B rᵒ, 2ᵉ c.)*

v. 263
Desobre lhu brac et orezura
E nolh diches paraula dura
E . . . . ieu maire trista ploran
Lo seguia ab dolor gran
E moltas dōnas issemen
Que lauio segut longamen
De Galilea ministrat
E lhu els seus acompanhat
Las quals. . . . .

5ᵉ *fragment (A vᵒ, 1ʳᵉ c.)*

v. 281
Et auia dolor de mo
Mai que non auia de se
Per totz sos membres turmentatz
E de repropchiers sadolatz
Si cum anhels cant es tondutz
Ses mot parlar estaua mutz
Et ieu maire caitiua dolenta
Era adonc en greu turmenta

6ᵉ *fragment (B vᵒ, 1ʳᵉ c.)*

v. 298
De mo fil e ta mal menar
Que semblaua cais .i. lebros
E no paria que om fos
Cel que auan era plus bels
Que anc suffris terra ni cels
Era adonc aici destreihz
Que de totz semlaua plus laihz
Car de guia lauio tractat

7ᵉ *fragment (A vᵒ, 2ᵉ c.)*

v. 315
Que anc non agui uotz per parlar
Pero gemir e sospirar
Podia co fazia soen
De parlar auia gran talen
Mas la dolors rompia los motz
Si que nols podia formar totz

La uotz trista rauca defors
Mostraua la plaga del cors

8ᵉ *fragment* (*B v*°, 2ᵉ *c.*)

v. 331   Acorretz mi que mas dolors
Maucizo elh greu turmen
Mi parto el cor mi fen
Cant el me ui si engoishoza
Plena de plor e doloiroza
Gitet me .i. regart de bon aire
Vas me sa doloiroza maire
E comenset mi a parlar
Breus paraulas per cofortar
. . . . cofort

. XX

COMPLÉMENT D'UNE CHANSON
DE GIRAUT DE BORNEIL

Par suite d'une omission commise à notre imprimerie, et que je remarquai trop tard pour la pouvoir faire réparer en temps utile, les deux *tornades* de la chanson de Giraut de Borneil, *Chant en broil ni flors en verjan,* ne figurent pas dans l'édition que j'ai donnée de cette chanson, pp. 29-30 des *Poésies inédites des troubadours du Périgord.* L'occasion me paraît bonne pour publier ces deux tornades et combler ainsi une fâcheuse lacune de ma précédente publication. Je communiquerai en même temps les variantes essentielles, fournies par le ms. 2814 de la bibliothèque Riccardi, d'une autre pièce du même troubadour, *Razon e luec e cor e sen,* que j'ai publiée aussi, pour la première fois, à la suite de la précédente (*ibid.,* pp. 30-33), d'après le ms. 856 de la B. N. Je dois ces variantes à l'obligeance de MM. Appel et Morpurgo.

I. — TORNADES DE **Chant en broil**

VII. E qil n'er primers drogomanz
   Qem toil d'autr' amista[t] em lais,
   Crescal benanans ' e poders,
52. Q'eu non voil baisars ni jazers.

VIII. E quant Sobretotz sai nos trais,
   Noil es cregutz aqel poders
55. Qe dona baizars e jazers.

II. — VARIANTES DE **Razon e luec**

Vers 1. Sazo e luec. — 4. En un....coinde. — 8. baros remaner. — 9. cobrar. — 10. E car non i puesc auengar. — 11. non. — 12. greujar.

14. Erenc ma iuec. — 16. dich quels oblit els air. — 17. E qe ia

nolsna conge. — 18. E mais ben fai. — 22. autals capteners. — 23.
A lui qis... amor.— 25. trassail de loinhar. — 26. Couens e manz.
— 33. Dei ben⁻ch. — 34. seu cuies. — 36. Car deis com alet. — 41. Ai
eu.— 42. Mais la vi si de.—44. qil deurai.—45. Chantar li dei consen
farai. — 47. Ne puesc ma. — 48. Qandis qe motz ch. li es b. —49.
trasgnar.—50. cortes ditz.— 51. qal chan. — 53. sa ploc trop b. —
57. asai. — 60. En auereu plus.— 61. Mais puis.— 62. Mes si tarjat
qe. —64. mgail si no caus. — 67. Don ni cug la flama por al fais.—
69. Com non a monge. —70. Trus qen ve lai.— 73. Plus f. a de. —
74. lan. — 76. mainz clamz vilas enoics. — 77. val qan. —79. sanc.
81. en dei.

ADDITIONS ET CORRECTIONS

P. 24, n. 1. « les seules. » On possède sous le nom de Gaucelm Faidit une autre chanson, que Bartsch ne mentionne pas (d'où notre erreur), et qui va être publiée par M. Appel.

P. 29. Les vers de la pièce III ont été mal numérotés à l'impression. Chaque couplet ayant 17 vers, les chiffres afférant au dernier de chacun d'eux doivent être respectivement 17, 34, 51, 68, 85, 102. Les autres chiffres sont à corriger en conséquence.

P. 39, n. 1, l. 9. Mettre des guillemets après *Blieux*.

P. 31. Les vers 51-54 ne manquent pas dans le ms., contrairement à ce qu'indique la copie que nous avons reproduite. M. Paul Meyer en fait la remarque dans la *Romania*, XVIII, 517, et donne ainsi le texte de ces quatre vers :

Q'ieu ages leser

Disen

Leu

Los ben crinadatz [1].

P. 53. « CHANSON ANONYME INÉDITE. » Il y a là une double erreur, dans laquelle nous avons été induits par le *Grundriss* de Bartsch (461, 51), et que M. Appel a bien voulu nous signaler, ainsi que la suivante. En réalité 461,51 est identique à 106,10.

P. 54. « DESCORT ANONYME INÉDIT. » Autre erreur, du moins partielle. Ce descort, en effet, à partir du vers 17, se lit dans le *Parnasse occitanien,* p. 388. Peut-être les seize premiers vers (qui auraient été seuls inédits) forment-ils une pièce indépendante, bien que le ms. indique, ou semble indiquer le contraire, du moins d'après la copie que nous possédons.

P. 61, n. 1, l. 2. « Sur lequel nous ne savons rien. » Peut-être notre

---

[1] On peut aussi bien lire *crmadatz*, qu'il faut probablement corriger *ce* (= *que*) *m'a datz*. (Observation de M. Paul Meyer.)

Peire del Vern serait-il à identifier avec un « Petrus Vierni de Si-
gelar », qui figure dans un des miracles de Nostre-Dame de Rocama-
dour, et qui était certainement jongleur, puisqu'il est dit de lui :
« instrumenta personando musica victum queritabat. » Voy. *Romania*,
XVIII, 173. M. Paul Meyer observe à cette occasion que « Sigelar ne
paraît pas être différent de Segelard, nom d'un hameau de la commune
de Gabillou, situé à peu de distance de Vergt. »

P. 77, v. 17. « Coms. » Lis. *com*.

— v. 24. « mais. » Lis. *mars*.

TABLE DES MATIÈRES

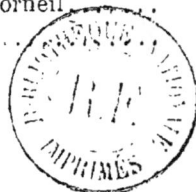

Montpellier. — Imprimerie centrale du Midi (Hamelin frères).

CHEZ LE MÊME ÉDITEUR

www.ingramcontent.com/pod-product-compliance
Lightning Source LLC
Chambersburg PA
CBHW060626100426
42744CB00008B/1513